Economia e Sociedade

Crónicas e Entrevistas

Flávio G. I. Inocêncio

Este livro é uma coleção de artigos de opinião e entrevistas publicados em diversos jornais Angolanos entre 2015 e 2020.

Um especial agradecimento as meus Pais e à minha família por todo o apoio nesta longa caminhada.

ÍNDICE

Página do título

Direitos autorais

Dedicatória

A Necessidade de Liberalização da Economia Angolana   1

A Organização dos Países Exportadores de Petróleo e o Futuro   5

A Política Cambial em Angola: Um Pequeno Contributo   9

Breves Considerações sobre o Sistema Fiscal   13

A Reforma do Sector Petrolífero em Angola   17

Uma Comissão Presidencial sobre o Ambiente de Negócios em Angola   21

Proteccionismo e a Necessidade de Comércio livre   25

O Mercado Petrolífero e o Coronavírus   30

O Impacto do COVID-19 e as Políticas Públicas   33

O Estoicismo e o Futuro   37

A Gestão do Talento   40

África não é um País   43

O Mal Primordial   46

Liderança e Virtudes   50

A Reforma "Inacabada" do Sector Petrolífero   53

Entrevistas   59

Entrevista nº 1   60

Entrevista nº 2   68

Entrevista nº 3   82

Sobre o autor   89

A NECESSIDADE DE LIBERALIZAÇÃO DA ECONOMIA ANGOLANA

Valor Económico, 24/10/2016

A queda abrupta do preço de Petróleo a partir de Junho de 2014 veio expor o calcanhar de Aquiles da economia Angolana considerando a dependência da economia Angolana do petróleo como principal fonte de arrecadação de receitas para o Orçamento Geral de Estado e de obtenção de divisas.
Esta excessiva dependência do Petróleo revela a necessidade urgente de diversificação da economia Angolana. No entanto, não podemos ter um debate honesto acerca da diversificação da economia Angolana sem um debate prévio acerca da necessidade de liberalização económica em Angola.

É importante salientar que liberalização económica não se traduz em meras mudanças legislativas, mas em reformas institucionais profundas que permitam que a economia Angolana ganhe competitividade e traduz-se na retirada das barreiras e obstáculos aos agentes económicos, sejam nacionais ou estrangeiros.

Muitas dessas barreiras são institucionais e não são legais na sua essência e podemos destacar por exemplo as normais informais que aumentam os níveis de burocracia e de corrupção. Por essa razão a aprovação de Leis sobre Investimento Privado não conduz necessariamente à uma liberalização da economia.

Nesse sentido, o Estado Angolano e a sua Administração Pública

Directa (Ministérios e Governos Provinciais) ou Indirecta (Institutos e Empresas Públicas) deve ser o facilitador dos agentes económicos (nacionais ou estrangeiros) e não deve ser um obstáculo aos investidores e demais agentes económicos e deve por isso activamente procurar diminuir os "custos de contexto" que em Angola são muito elevados.

Numa economia de mercado, o Estado não deve ser um obstáculo à actividade económica e nem deve tentar substituir-se ao sector privado como agente produtor e nem deve favorecer grupos de interesse específicos, mas acima de tudo deve ser um Estado regulador que garanta a concorrência entre os vários agentes económicos estabelecendo políticas públicas que beneficiem o consumidor e o cidadão.

A liberalização da Economia Angolana é um imperativo para a criação de um ambiente de negócios que permita atrair investimento privado e em especial, Investimento Directo Estrangeiro (IDE).

Importa referir que a "decisão de investir" por parte de um investidor privado seja nacional ou estrangeiro não se baseia apenas no potencial e tamanho de uma Economia como a Angolana, mas baseia-se em variáveis complexas como a presença de tribunais independentes que garantam e protejam direitos económicos e de propriedade, presença de infraestruturas avançadas (acesso à água, electricidade e autoestradas por exemplo), níveis de tributação, custos de vida, níveis de abertura ao comércio exterior (fundamental para sectores que importam componentes por exemplo), níveis de burocracia e de corrupção, entre outras variáveis.

Essas variáveis são o que determina o ambiente de negócios de uma economia e por isso o foco excessivo que se dá aos incentivos fiscais em economias em desenvolvimento como mecanismo principal para atracção de investimento não faz muito sentido porque um investidor privado antes de investir numa economia considera todas as variáveis que afectam o ambiente de negócios numa perspectiva holística.

Nesse sentido, um bom ambiente de negócios é fundamental para atracção de investimento privado, nacional ou estrangeiro. O Investimento Directo Estrangeiro permite que economias em desenvolvimento atraiam capital e tecnologia de investidores dos Países mais desenvolvidos e permite acelerar a convergência económica com Países desenvolvidos.

O Investimento Directo Estrangeiro também permite melhorar o ambiente competitivo das Economias recipientes, elevando a complexidade destas economias, criando postos de trabalho e melhorando o desempenho das firmas locais que ajustam-se à entrada de firmas estrangeiras melhorando os seus produtos e serviços e oferecendo melhores serviços e preços aos consumidores.

Infelizmente a maior parte do Investimento Directo Estrangeiro nos últimos anos em Angola tem-se concentrado no sector extractivo (Petróleo e Diamantes) e não tem tido os efeitos acima referidos porque é um sector que gera poucos postos de trabalho porque é capital intensivo e não tem muitas ligações com o resto da economia tendo um efeito pouco relevante em sectores chaves como os serviços, a indústria e a agricultura.

Infelizmente, a economia Angolana não tem ainda um ambiente de negócios favorável se compararmos com outros Países no continente Africano, em especial se compararmos com alguns dos nossos parceiros da SADC mais bem sucedidos como o Botswana, Namíbia e a África do Sul.

O Índice da Liberdade Económica de 2016 ("Index of Economic Freedom") da Heritage Foundation que classifica a posição dos Países em termos de liberdade económica coloca Angola na posição 156 de uma lista de 178 Países e é revelador da necessidade de liberalização económica para a melhoria do nosso ambiente de negócios.

O Relatório do Banco Mundial de 2016 sobre a facilidade de se fazer negócios ("Doing Business Report") coloca Angola na posição 181 de uma lista de 189 Países e também confirma a necessidade de liberalização e a retirada dos obstáculos e barreiras aos negócios que prejudicam o potencial de longo prazo da nossa economia. Convém recordar que estes indicadores afectam a percepção dos investidores sobre a economia Angolana e têm um impacto na "decisão de investir" e incluem variáveis objectivas sobre o real estado do nosso ambiente de negócios.

Por isso a prioridade absoluta neste ambiente de negócio desfavorável deve ser a liberalização económica para que possamos atrair investimento privado que não se concentre apenas no sector extractivo mas nos sectores chaves da indústria, serviços e agricultura.

A ORGANIZAÇÃO DOS PAÍSES EXPORTADORES DE PETRÓLEO E O FUTURO

Valor Económico, 27/02/2017

A Arábia Saudita é o líder da Organização dos Países Exportadores de Petróleo (OPEP) desde a criação da organização em 1960 por causa das suas gigantescas reservas de crude hoje estimadas em cerca de 264 mil milhões de barris de crude e a sua produção diária média estimada em cerca de 10 milhões de barris por dia. Acima de tudo, a Arábia Saudita tem uma capacidade extra de produção estimada em cerca de 2 milhões de barris por dia e é essa capacidade não utilizada (spare capacity) que torna o Reino Saudita o mais importante actor petrolífero global como o produtor flutuante (swing producer). Para uma comparação com o nosso País, Angola tem reservas de crude estimadas em cerca de 10 mil milhões de barris e uma produção média diária hoje estimada em cerca de 1,6 milhões de barris por dia.

Os preços de petróleo começaram a cair acentuadamente a partir de Junho de 2014 por causa do excesso de oferta de Petróleo que teve a sua origem na revolução energética dos últimos 10 anos nos EUA com o petróleo de xisto a contabilizar a maior parte do excesso da oferta no mercado mundial de petróleo.

Na reunião ordinária da OPEP em novembro de 2014, a maioria

dos Países membros da OPEP era favorável a um corte de produção para um aumento do preço de petróleo com a finalidade de equilibrar o mercado. Nessa altura os Sauditas como os líderes da organização e dos Estados do Golfo recusaram um corte de produção contra a opinião de muitos outros Países membros.

A estratégia Saudita desde essa data até a reunião de 30 de Novembro de 2016 foi de recuperação de quota de mercado. O objectivo dos Sauditas e dos seus aliados no Golfo (no Conselho de Cooperação do Golfo) foi de permitir uma descida dos preços do petróleo para eliminar a produção de petróleo de xisto (e não convencional) na América do Norte considerada como mais cara e vista como ameaça ao petróleo desses Países e dos restantes Países membros da OPEP.

Essa estratégia de recuperação de quota de mercado não eliminou a produção de xisto Americana, embora esta tenha diminuído de forma significativa em 2016 em comparação com o período de 2015, em cerca de 1 milhão da barris por dia.

Contrariamente ao que alguns autores tem referido, a OPEP é a mais importante instituição no mercado petrolífero mundial. De acordo com os dados mais recentes da OPEP, os Países membros produziram em média de cerca de 32 milhões de Barris de Petróleo por dia em 2016 para uma produção mundial de cerca de 95 milhões de Barris por dia. Qualquer análise sobre o mercado petrolífero precisa de considerar o papel fundamental que a OPEP tem nos mercados petrolíferos. Desvalorizar um grupo de Países que representa cerca de 30% da produção global de crude é um erro crasso de análise.

A OPEP é apenas uma das possíveis plataformas para projecção dos interesses nacionais dos Estados do Golfo (que são o verdadeiro centro do poder da organização) no que concerne ao petróleo e por isso não podemos ver na OPEP a única plataforma para a possibilidade de concertação de produção petrolífera entre principais produtores a nível global.

Desde a crise petrolífera dos anos 70 do século passado e a queda abrupta dos preços de petróleo nos anos 80 que a OPEP não é tão relevante como o foi depois da crise petrolífera de 1973. O mundo onde os preços de crude eram influenciados por meras declarações de Ahmed Zaki Yamani, o poderoso Ministro de Petróleos da Arábia Saudita nos anos 70 e 80 há muito que deixou de existir.

O cerne da questão é que os Estados do Golfo liderados pela Arábia Saudita podem agir fora da OPEP e intervir nos mercados aumentando ou reduzindo a sua produção petrolífera como o fizeram na crise petrolífera de 1973 quando o embargo imposto pelos Países Árabes ao Ocidente – por causa da guerra entre o Egipto e Israel – levou ao colapso de muitas economias Ocidentais dependentes do crude Árabe. Nessa altura, o petróleo representava cerca de 50% do consumo primário energético mundial e hoje representa apenas cerca de 30%. Isso significa que o crude em 2017 não é tão relevante como era nos 70 ou 80 do século passado e em parte foi por causa dos preços altos de crude que criaram incentivos económicos para a substituição do crude por outras fontes de energia alternativas ao crude como o gás natural, energias renováveis entre outras.

Importa também salientar que os Sauditas implementaram com sucesso uma estratégia unilateral de recuperação de quota de mercado em 1985-86 quando procuraram aumentar a sua quota de mercado de forma significativa por causa dos efeitos negativos dos preços altos de crude que tiveram como consequência uma redução da sua produção de 10 milhões de barris por dia para meros 3 milhões de barris de petróleo por dia. Essa estratégia passou por um aumento significativo da produção Saudita e uma redução dos preços.

Na crise petrolífera de 2014, os Sauditas tentaram implementar uma estratégia semelhante de recuperação de quota de mercado para eliminar o excesso da produção petrolífera de xisto ao permitir uma queda dos preços e por isso não permitiram um corte de produção na OPEP. Obviamente essa estratégia falhou de forma significativa e embora a produção da Arábia Saudita continue a níveis recordes, essa estratégia não foi capaz de eliminar os produtores de xisto. Um dos erros da estratégia Saudita foi subestimar a resiliência dos produtores de xisto dos Estados Unidos que conseguiram reduzir de forma significativa os seus custos operacionais e tornar competitiva a produção de xisto num ambiente de preços reduzidos.

Evidentemente com a enorme queda de receitas na Arábia Saudita e nos Estados do Golfo, esses Países decidiram mudar de estratégia em 2016 e optaram por um corte de produção e preços mais elevados e obviamente a OPEP foi das plataformas escolhidas para um corte de produção, mas ver nela a única possibilidade de concertação da produção de crude é de uma miopia extrema. Para os Estados do Golfo, a possibilidade de acção fora da OPEP não é apenas uma possibilidade mas uma realidade sempre presente.

O grande vencedor das guerras de petróleo no período compreendido entre 2014-2016 são os Estados Unidos na sua incessante batalha por segurança energética e os milhares de produtores independentes que tornaram a produção de xisto viável e agora com a previsível subida ligeira dos preços de crude este ano essa produção vai aumentar. Com a nova Administração Trump eleita numa plataforma pró-energética, com nomes como Rex Tillerson antigo PCA da Exxon no Departamento de Estado e Rick Perry, antigo Governador do Texas (o mais importante Estado no sector energético nos EUA) para Secretário para a Energia, é expectável um aumento significativo da produção de xisto e de gás e torna-se cada vez mais real a possibilidade da independência energética nos Estados Unidos com consequências geopolíticas colossais.

Para Angola, as "guerras de petróleo" iniciadas pelos Sauditas contra os produtores Americanos apanharam o País de surpresa, mas isso será um tema tratado numa futura análise.

A POLÍTICA CAMBIAL EM ANGOLA: UM PEQUENO CONTRIBUTO

Valor Económico, 03/04/2017

O valor de uma moeda como de qualquer outro bem depende da procura e da oferta agregada e não depende da fixação administrativa da taxa de câmbio por uma autoridade bancária central.

Por isso, importa referir que qualquer Banco Central que tente fixar o preço de uma moeda na sua relação com outras moedas deve considerar por isso as condições reais do mercado, isto é a procura e oferta. Estabelecer uma taxa de câmbio diferente das condições do mercado vai traduzir-se por isso num valor meramente artificial e só possível num contexto em que os Bancos Centrais possuem reservas internacionais em quantidade suficiente para defender a moeda e sustentar uma paridade artificial.

Esse é o caso de Angola, onde a taxa de câmbio fixa do Kwanza na sua relação com outras moedas foi uma consequência da gestão cambial do Banco Nacional de Angola (BNA) e não seguiu uma lógica de mercado e isso só foi possível através das venda de divisas em leilões aos Bancos comerciais para satisfazer a procura dos agentes económicos por moeda estrangeira (essencialmente Dólares Norte-Americanos).

Manter essa paridade artificial foi possível no período pós-guerra graças à acumulação de enormes Reservas Internacionais Líquidas (RIL), resultado das receitas de crude que representaram em

2014 cerca de 98% das nossas exportações de acordo com o Centro de Desenvolvimento Internacional da Universidade de Harvard.

Essencialmente o BNA manteve nos últimos anos uma taxa de câmbio fixa. E o eterno problema das taxas de câmbio fixas é que só funcionam quando os Bancos Centrais têm reservas suficientes em moeda estrangeira para satisfazer à procura. A partir do momento em que os Bancos Centrais deixam de acumular reservas internacionais em quantidade suficiente para satisfazer à procura, a manutenção dessas paridades deixa de ser possível e foi isso que ocorreu em Angola.

A queda significativa dos preços de Petróleo a partir de meados de 2014 afectou de forma significativa a capacidade do BNA de disponibilizar divisas (do lado da oferta) em quantidade suficiente para satisfazer à procura no mercado nacional. Por isso nessa altura começamos a ver uma diferença significativa entre a taxa oficial (definida pelo BNA) e a taxa de câmbio no mercado paralelo e voltamos em parte aos anos 90.

O que é surpreendente é ver defensores de uma taxa de câmbio fixa como aquela que foi praticada pelo BNA nos últimos 15 anos (ajustada em diversas ocasiões) sem considerar de forma objectiva os custos de oportunidade de milhares de milhões (ou bilhões na designação Anglo-Saxónica) de Dólares Norte-Americanos despendidos pelo BNA para defender uma taxa artificial, valor esse que poderia hoje estar guardado num Fundo de Estabilização ou no nosso Fundo Soberano se Angola tivesse praticado uma taxa de câmbio mais flexível.

Por essa razão, o Banco Mundial e o Fundo Monetário Internacional têm sido muito críticos dessa gestão espartana da taxa de câmbio e esta última instituição no seu último relatório de Fevereiro recomenda mais uma vez a adopção de uma taxa de câmbio mais flexível.

Outro aspecto negativo e desvalorizado pelos defensores da taxa de câmbio fixa é o facto do preço do Kwanza na sua relação com outras moedas ter sido muito alto e obviamente isso afectou os custos competitivos dos agentes económicos baseados em Angola e criaram incentivos para o aumento das importações, porque com um Kwanza forte, os bens e serviços no exterior tornam-se mais baratos.

Esse fenómeno liga-se à "doença holandesa" que na sua essência provoca uma apreciação da taxa de câmbio, em virtude do influxo de divisas derivado das receitas de petróleo e o consequente aumento das importações e todos os Países exportadores de petróleo sofrem com esse fenómeno, incluindo Países como a Noruega e obviamente isso dificulta os esforços de diversificação económica.

Manter uma taxa de câmbio artificialmente alta só é possível com a venda de divisas por parte do BNA num contexto de enormes reservas internacionais. Com a queda do preço de petróleo as nossas RIL estavam estimadas em 2016 em cerca de 22 mil milhões de Dólares e apenas chegam para pagar cerca de 8 meses de importações, devendo esse valor baixar para 6 meses em 2017 de acordo com o último relatório do FMI.

Um exemplo de uma gestão de uma taxa de câmbio fixa com sucesso é feita pela Autoridade Monetária de Hong-Kong que consegue manter a paridade da sua moeda baseada em pelo menos 100% de reservas internacionais. Singapura também oferece um exemplo semelhante. Não é isso que ocorre ou vai ocorrer em Angola por isso devemos abandonar o modelo de taxa de câmbio fixa e passar rapidamente para uma taxa de câmbio mais flexível. O colapso da economia Argentina em 2001/2002 demonstra os problemas das taxas de câmbios fixas e a sua insustentabilidade em contextos semelhantes aos nossos.

No caso Angolano no longo prazo é impossível e contraproducente manter uma taxa de câmbio fixa mesmo em momentos de acumulação significativa das RIL, considerando os factores referidos anteriormente e não é acaso que esse sistema funciona para economias pequenas, abertas ao exterior e com Bancos Centrais verdadeiramente independentes.

O Kwanza não é uma moeda livremente convertível e o seu valor é determinado essencialmente pela sua relação com o Dólar Norte-Americano e com as Reservas Internacionais Líquidas geridas pelo BNA. Não é uma taxa de câmbio que reflecte as condições objectivas do mercado ou serve a necessidade de diversificação económica porque baseia-se numa paridade artificial e prejudica a competitividade da nossa economia tornando mais caros os preços de bens e serviços produzidos em Angola.

Se por um lado uma moeda forte (artificialmente mantida pelo BNA) ajuda na contenção da inflação e nas compras dos Angolanos no exterior, também estimula ainda mais as importações e despesas no exterior e só funciona com a acumulação de RIL, que hoje não é possível em virtude da queda do preço do petróleo.

Para acrescer ao problema de Angola, a dependência da economia Angolana de importações que são pagas em moeda estrangeira contribui ainda mais para diminuir a procura pelo Kwanza pelos agentes económicos.

Por isso, devemos olhar para uma reforma profunda do Kwanza e para sua liberalização e convertibilidade total nos mercados internacionais e devemos por isso adoptar uma taxa de câmbio flexível e não fixa e só assim poderemos atenuar os piores efeitos da doença holandesa que forçam a apreciação das moedas dos Países exportadores de crude e assim podemos contribuir para a nossa competitividade em termos de custos e ajudar nos esforços da tão debatida diversificação económica.

BREVES CONSIDERAÇÕES SOBRE O SISTEMA FISCAL

Valor Económico, 08/05/2017

Não há arrecadação sem a existência de actividade económica (e riqueza). Este simples truísmo deve servir de guia para a compreensão das finalidades da tributação e o seu papel no financiamento público. Num economia de mercado, o Estado financia as suas actividades essencialmente através dos tributos (impostos e taxas) e da emissão de dívida pública.

Os impostos são uma prestação pecuniária unilateral devida ao Estado por parte dos contribuintes. O contribuinte como sujeito passivo tem um dever fundamental de pagar impostos ao Estado que é o sujeito activo nessa relação jurídica fiscal. E não podemos olvidar que o contribuinte não pode deixar de pagar essa prestação ao Estado sob pena de sanções de natureza administrativa e penal.

Num mundo onde o Estado tem o monopólio legítimo da violência – para utilizar a definição de Max Weber – o contribuinte não tem escolha no pagamento ou não pagamento do imposto. Se o contribuinte não pagar os impostos devidos, o Estado pode penhorar (executar) os bens do contribuinte e em última instância o legislador pode também estabelecer sanções administrativas (com penas de multas), assim como estabelecer por lei crimes de natureza fiscal que têm como sanção a pena de prisão.

No caso do financiamento público através dos impostos voltamos à primeira premissa, sem actividade económica não há arrecadação de receitas. Por essa razão, o Estado deve implementar políticas públicas que activamente estimulem a criação de riqueza e que não a penalizem. E a arrecadação de receitas deve respeitar essa verdade elementar e nem sempre isso ocorre porque podemos ter um sistema fiscal bem formulado e um arrecadação minúscula porque não existe actividade económica ou riqueza para tributar.

Esse princípio deveria ser autoevidente, mas infelizmente nem sempre é levado em conta e por isso até agora o debate sobre tributação em Angola é unidimensional e foca-se excessivamente na necessidade de garantir receitas para o Orçamento, independentemente dos custos e consequências para o resto da economia e para os contribuintes em geral e apenas focado na administração fiscal.

Sem querer entrar em detalhes, o recente debate sobre os poderes da administração fiscal no caso da penhora por dívidas fiscais (no âmbito do processo de execução fiscal) revela alguns dos problemas subjacentes ao actual paradigma. Os poderes extravagantes da administração fiscal devem ser balanceados por uma protecção efectiva dos direitos constitucionalmente consagrados incluindo o acesso efectivo à justiça e o respeito pela propriedade privada. E o princípio que deve nortear a administração pública e fiscal deve ser a prossecução do interesse público mas sempre no respeito da legalidade e dos direitos fundamentais dos cidadãos.

Um dos problemas da reforma fiscal no nosso País foi o peso excessivo dado à administração fiscal em detrimento da justiça fiscal. E não podemos confundir os dois pilares. Quem deve ter a última palavra num Estado de Direito é o poder judicial em qualquer conflito entre o Estado (latu sensu) e o cidadão e cabe ao poder judicial a garantia da legalidade e a protecção dos direitos fundamentais nos termos da Constituição. Em última instância num Estado de Direito Democrático são os tribunais a última garantia da defesa dos direitos dos cidadãos e agentes económicos.

Por isso, a meu ver torna-se necessário a criação de tribunais administrativos e fiscais num modelo de justiça que garanta que as decisões administrativas no âmbito da administração fiscal possam ser impugnadas pelo contribuinte e a este sejam garantidos todos os direitos constitucionalmente consagrados porque por vezes a administração pública também comete erros e injustiças e os tribunais existem para corrigir esse problema.

Um sistema fiscal deve ser adequado ao nível de desenvolvimento do País e ter em conta a nossa excessiva dependência das receitas petrolíferas (na sua vertente fiscal) e por isso o nosso sistema fiscal não deve ser excepção. Um exemplo da violação desse princípio é a elevada taxa do imposto industrial. Ter taxas de impostos elevadas como na Suécia para uma realidade como a nossa não é apenas irrealista mas completamente desprovido de sentido, considerando que somos um País em vias de desenvolvimento. Por essa razão as taxas de impostos devem ser reduzidas e adequadas à nossa realidade e no caso do imposto industrial a taxa deve ser muito inferir aos actuais 30%. Não faz sentido ter uma taxa elevada e depois criar incentivos que distorcem a taxa real efectiva estabelecendo efectivamente diferentes categorias de contribuintes e violando o princípio da igualdade.

O sistema fiscal deve também ser o mais neutro possível e eliminar incentivos fiscais como a única panaceia para atracção de investimentos ou de fomento económico porque estes distorcem o sistema fiscal. Acima de tudo, devemos ter sempre em conta a essência coerciva do sistema fiscal em qualquer País e que este deve respeitar os limites constitucionais e o princípio de que não há arrecadação sem a existência de actividade económica (e riqueza).

Em resumo, aqui vão algumas considerações que por vezes são esquecidas:

1. Não há tributação sem actividade económica e por isso a tributação (e a arrecadação) não deve ser um instrumento de repressão das actividades económicas e riqueza.

2. Para o nosso nível de desenvolvimento, devemos implementar paulatinamente níveis de tributação com taxas reduzidas, obviamente com uma base tributária mais alargada e assim obter mais receitas.

3. Necessidade de eliminação da maioria dos incentivos fiscais que distorcem o sistema fiscal e criam efectivamente dois sistemas para os que têm e os que não têm acesso aos incentivos fiscais.

4. Considerar a implementação da reforma fiscal assente nos dois pilares: administração fiscal e justiça e por isso é necessário e urgente a criação de uma jurisdição administrativa com tribunais administrativos e fiscais.

A REFORMA DO SECTOR PETROLÍFERO EM ANGOLA

Valor Económico, 03/07/2017

A reforma do sector petrolífero em Angola precisa de considerar o quadro regulatório do sector em geral e não deve ser confundida ou reduzida à reforma da Sonangol enquanto empresa nacional de petróleos.

Num ambiente de baixos preços de crude, o debate sobre a saída de Angola da OPEP é um falso debate. O facto relevante é que Angola é um produtor marginal a nível do global, representando apenas cerca de 1,5% da produção diária global e por isso pouco relevante. Angola não tem capacidade de influenciar o preço do petróleo à escala global e sujeita-se por isso a choques externos, como o que ocorreu com a queda do preço do crude desde meados de 2014.

Por essa razão, produtores marginais como Angola devem concentrar os seus esforços naquilo que podem mudar internamente em termos de políticas públicas e devem por isso concentrar os seus esforços na melhoria das condições de atractividade do sector petrolífero para os investidores, que tipicamente são empresas petrolíferas internacionais.

A melhoria das condições de atractividade deve considerar a realidade da produção Angolana que é feita essencialmente por empresas petrolíferas estrangeiras, contrariamente aos Estados do Golfo, onde a produção petrolífera é realizada essencialmente pelas empresas nacionais de petróleos. E é nesse contexto que devemos considerar a reforma do sector petrolífero no nosso País.

Pelo exposto, a meu ver a reforma do sector petrolífero e do gás natural em Angola deve assentar em três eixos:

1) A transformação e reestruturação da Sonangol e demais subsidiárias.

2) A criação de uma entidade (agência) reguladora independente.

3) A melhoria das condições fiscais e financeiras para os investidores.

O primeiro eixo da reforma que começou em 2015 está em curso e visa a transformação do grupo Sonangol de forma a tornar as empresas deste grupo mais eficientes, competitivas e potencialmente lucrativas. A Sonangol deve por isso concentrar-se na área core da sua actividade que é a exploração e produção de hidrocarbonetos. Como qualquer reforma, vamos esperar pelos resultados da restruturação para emitir um juízo de valor definitivo sobre a mesma.

No entanto, existe um aspecto que deve ser considerado na restruturação e é a questão do monopólio atribuído à Sonangol pela Lei das Actividades Petrolíferas (Lei nº10/04 de 12 de Novembro). A meu ver, a manutenção do monopólio de concessionária nacional na Sonangol é um erro e não vai de encontro à necessidade de liberalização do sector, onde a Sonangol como empresa pública ainda mantém fortes poderes regulatórios nos contratos que celebra com as empresas petrolíferas (Associadas) em representação do Estado e por isso ainda actua como "árbitro e jogador" e acaba por ser de facto o nosso órgão regulador. E essas funções devem ser desempenhadas pela agência reguladora independente.

No Brasil, a reforma de 1997 que liberalizou o sector petrolífero retirou o monopólio da Petrobras na exploração e produção de crude e tornou esta empresa muito mais competitiva e no longo prazo criou incentivos para mais descobertas de petrólo e, em especial no pré-sal feitas em parte por uma reformada Petrobras, além de ter criado a Agência Nacional de Petróleos como entidade reguladora do sector petrolífero e gás natural. No México, a reforma energética que acompanhamos com grande interesse desde 2008 também vai no sentido da liberalização e na retirada do monopólio da Pemex e levou à criação da Comissão Nacional de Hidrocarbonetos como entidade reguladora do sector petrolífero. E outros Países também têm adoptado este modelo.

Angola não deve ser excepção às boas práticas e tendências internacionais, até porque estamos a competir pelos mesmos investidores (petrolíferas internacionais) com outros Países e por mais potencial que tenhamos isso não basta, uma vez que num mercado global os investidores têm várias opções a nível global e cada vez mais no nosso continente, onde existem novas descobertas de petróleo e gás, um pouco por todo o lado.

O segundo eixo da reforma é para mim o mais importante e temos defendido publicamente desde 2015 a criação de uma entidade reguladora independente de jure e de facto, com competência para ser o órgão regulador do sector do petróleo e gás em Angola e convém referir que a sua concretização peca por ser tardia, considerando que o Decreto Presidencial nº243/11 de 7 de Setembro já previa a sua criação.

Esta agência independente deve ser responsável pela preparação dos concursos públicos relativos aos blocos (áreas de desenvolvimento) e deve ter a competência para emitir regulamentos relativos ao sector, promover o conteúdo local e fiscalizar a actuação de todos os agentes no sector petrolífero entre outras funções. A competência de representação do Estado na celebração dos contratos com as empresas petrolíferas deve ser desta agência independente e não da Sonangol. A nosso ver, a Comissão de restruturação do sector petrolífero criada em 2015 e concretizada pelo Decreto Presidencial nº109/16 de 26 de Maio deve por isso acelerar o passo da reforma e criar o mais rapidamente possível a agência reguladora independente do sector. Esta dimensão da reforma está adormecida e isso não é positivo, porque sem a criação de uma agência reguladora independente a reforma do sector não será bem sucedida.

O terceiro eixo da reforma deve cingir-se à melhoria dos termos financeiros e fiscais para os investidores. Num ambiente de preços baixos de petróleo, temos de oferecer melhores condições para potenciais investidores para melhorar a nossa atractividade como País. Por isso devemos rever a tributação no sector e oferecer termos económicos atractivos para potenciais investidores no sector.

O Ministério dos Petróleos (ou outro) deve ser apenas o órgão de definição de políticas públicas relativas ao sector e a Sonangol deve cingir-se à sua actividade comercial e concentrar-se na exploração e produção de crude e não ser apenas a entidade gestora dos contratos.

Outro aspecto importante e que não deve ser esquecido é que a Comissão para restruturação do sector deve auscultar todos os intervenientes no sector e em especial alguns dos especialistas nacionais que têm trabalhado no sector há décadas e muitos com larga experiência e conhecimentos e em cargos de liderança em petrolíferas privadas a nível internacional e não apenas em Angola e por isso deveriam integrar o Conselho Superior de Acompanhamento do Sector Petrolífero, órgão criado no âmbito da reforma. Assim seriam evitados alguns dos erros que ocorreram na condução deste processo.

Como referi anteriormente, não se deve reduzir à reforma do sector petrolífero à Sonangol como se tem feito e nesse sentido a reforma precisa de encontrar o seu caminho novamente e seguir as boas práticas internacionais e adaptá-las ao nosso contexto e à nossa história.

UMA COMISSÃO PRESIDENCIAL SOBRE O AMBIENTE DE NEGÓCIOS EM ANGOLA

Valor Económico, 17/07/2017

No Relatório do Banco Mundial sobre o ambiente de negócios de 2017 (Doing Business Report 2017) Angola foi classificada na posição nº182 de uma lista composta por 190 Países. O Relatório vem confirmar mais uma vez os problemas relacionados com o mau ambiente de negócios do País e não é uma notícia positiva para Angola, numa altura em que o mantra para a resolução dos problemas Angolanos é a diversificação da economia.

É importante também reconhecer que Angola está a competir por investimentos com outros Países a nível global e se o nosso ambiente de negócios estiver entre os piores do mundo será difícil atrair os investimentos necessários para a diversificação económica, que a nosso ver tem de ser precedida por um processo acelerado de liberalização económica. Não haverá diversificação da economia, sem um processo de liberalização económica e por isso a melhoria do ambiente de negócios é fundamental para a criação de condições propícias para investimentos no sector produtivo da Economia. É esse o significado de liberalização económica.

Alguns analistas já vieram defender que a posição de Angola

em indicadores internacionais não reflecte a realidade. A defesa dessa afirmação além de incorrecta revela a atitude do aluno que descontente com a nota do Professor resolve dar a si mesmo uma nota de 20. Não é o aluno que se deve avaliar a si mesmo, principalmente quando ainda não atingiu nenhum dos objectivos da aprendizagem e numa comparação com outros alunos não consegue terminar o teste e acaba por reprovar na escola.

Podemos comparar a classificação de Angola no Relatório do Banco Mundial sobre o nosso ambiente de negócios com outros indicadores internacionais relevantes que confirmam o péssimo ambiente de negócios em Angola, falta de liberdades económicas e problemas institucionais sérios que tornam Angola um País difícil de fazer negócios. No Índice Mo IBrahim de 2016 que mede a boa governação no continente Africano Angola está classificada na posição nº45 dentro dos 54 Países do continente e pior classificada que Países como a Guiné Bissau, Nigéria e Zimbabué. O Índice da Liberdade Económica (Index of Economic Freedom) de 2017 da Heritage Foundation classifica Angola como uma economia reprimida na posição nº165 de uma lista de 180 Países. Poderíamos citar outros indicadores para demonstrar o que é evidente e referir que as receitas obtidas do crude esconderam essas debilidades da nossa Economia.

Pelo que foi exposto anteriormente, a nossa proposta é que Angola deve criar depois das eleições uma Comissão Presidencial com peritos reconhecidos nacionais e estrangeiros com décadas de experiência e multidisciplinar que vise à melhoria substancial do nosso ambiente de negócios durante a próxima legislatura (num período de 5 anos).

Esta Comissão não deve ter carácter político e nem deve ser apenas uma Comissão Interministerial como muitas outras, mas deve ser uma Comissão técnica que deve estabelecer e seguir métricas claras e deve propor e implementar medidas para a melhoria do ambiente de negócios. A Comissão não se deve limitar à fazer recomendações para a melhoria do nosso ambiente de negócios, mas deve ter autoridade para impor medidas à Administração directa e indirecta do Estado que visem à melhoria do ambiente de negócios. O trabalho da Comissão deve ser quantificado e monitorado anualmente e cada proposta deve ser avaliada em função dos resultados comprovados pela subida de Angola nos vários indicadores internacionais.

Em África, o Ruanda é um caso exemplar, um País sem recursos minerais significativos e com um ambiente de negócios péssimo alcançou resultados impressionantes. Em 2008 o Ruanda estava classificado na posição nº150 no Rde 2008 sobre ambiente de negócios do Banco Mundial e nessa altura Angola estava classificada na posição nº167 numa lista de 180 Países. Desde essa altura o Ruanda melhorou significativamente no indicador do Banco Mundial e outros indicadores relevantes, Angola manteve-se entre os piores do mundo. A melhoria do ambiente de negócios deveu-se fundamentalmente à liderança do Presidente Paul Kagame que por iniciativa pessoal liderou o processo de liberalização económica e eliminação de entraves ao ambiente de negócios nesse País, estando agora classificado na posição nº56 de uma lista de 190 Países no Relatório de 2017 sobre ambiente de negócios do Banco Mundial e é o melhor classificado em África, a seguir às Ilhas Maurícias.

Com a queda dos preços de petróleo e reconhecendo o mau ambiente de negócios da Nigéria (posição nº 169 no Relatório de 2017 do Banco Mundial) e a sua dependência das exportações de petróleo, a nova administração Nigeriana estabeleceu no início de 2017 um Conselho Presidencial para Facilitação do Ambiente de Negócios (Presidential Enabling Business Enviroment Council) com a finalidade de melhorar o ambiente de negócios do País em três áreas fundamentais: entrada e saída de bens do País (importação e exportação), entrada e saída de pessoas (atribuição de vistos), transparência e eficiência na administração pública e sector empresarial do Estado.

No caso de Angola, um dos grandes entraves à reformas é o facto de muitos analistas e decisores não aceitarem o facto que temos um dos piores ambientes de negócios do mundo. Utilizam o mantra nacionalista para justificar o injustificável e isso impede qualquer possibilidade de mudança ou melhoria, já que não há nada para melhorar, tomando a posição do aluno que faz a sua própria avaliação. Outro problema que frequentemente encontramos em Angola é o facto de confundir-se reformas económicas com aprovação de leis e meras mudanças na legislação. Esse excessivo formalismo é típico da tradição latina do Direito e do Estado e é um dos maiores impedimentos para o nosso desenvolvimento, porque muitas das barreiras económicas são informais.

Por vezes, podemos aprender com a Psicologia para entender as dificuldades na superação do sofrimento. O modelo Kubler-Ross identifica as cinco fases do sofrimento: 1) Negação, 2) Raiva, 3) Negociação, 4) Depressão, 5) Aceitação.

Desde meados de 2014, altura em que o preço do crude começou a cair acentuadamente que não conseguimos sair da primeira fase do sofrimento, a fase de negação. Talvez o problema não seja apenas dos decisores, mas sim no facto de termos entrado numa letargia profunda a nível nacional em toda a sociedade que adveio do dinheiro fácil, obtido das exportações de crude. E é altura de despertar dessa apatia ou corremos o risco de prolongar o sofrimento do paciente e condená-lo à morte.

Por isso a nossa proposta singela para os candidatos à esta eleição é a criação de uma Comissão Presidencial com a missão de melhorar o nosso ambiente de negócios e liberdades económicas na próxima legislatura. Esse seria o melhor presente para a nossa economia que ainda está totalmente depende das exportações de crude para obtenção de divisas.

PROTECCIONISMO E A NECESSIDADE DE COMÉRCIO LIVRE

Valor Económico, 23/10/2017

Angola ainda é uma economia dependente da produção de crude que representa cerca de 98% das nossas exportações o que acarreta um conjunto de consequências entre as quais a doença holandesa (Dutch Disease) que é um termo que foi baptizado pela revista Britânica The Economist em 1977 ao verificar um aumento exponencial das importações na Holanda em função da excessiva apreciação da antiga moeda holandesa (antes da adopção do Euro) depois da descoberta de reservas significativas de gás natural no mar do Norte.

No caso de Angola, sendo uma economia totalmente concentrada na produção petrolífera, há uma tendência para a apreciação da nossa taxa de câmbio o que faz com haja um aumento das importações e um decréscimo nas nossas exportações. A excessiva apreciação da taxa de câmbio foi também exacerbada pela política do nosso Banco Central que ao intervir no mercado através da venda de dólares aos operadores económicos manteve artificialmente alta a nossa taxa de câmbio, o que já foi criticado pelo FMI e fizemos alusão num texto recente.

A doença holandesa como fenómeno monetário, é um dos principais factores que explicam a pouca diversificação da economia nacional para além de outros, entre os quais a falta de mão de obra qualificada, debilidades institucionais na Administração Pública e no sector da Justiça, ineficaz regulação da concorrência e ainda fortes debilidades nas infraestruturas, aspectos institucionais que já referimos em artigos anteriores.

A diversificação da economia passará por uma estratégia multissectorial de longo prazo com um amplo consenso nacional e passará por várias medidas de natureza legal, administrativa, social e económica. Enganam-se os que pensam que a protecção ao empresariado nacional criará ex nihilo capacidades produtivas que tornarão a economia Angolana mais competitiva e que essa protecção mais investidores estrangeiros invistam em Angola.

A protecção aos empresários nacionais é mais um conjunto de medidas públicas que é resultado de um grupo de interesse (lobby) que é altamente organizado e politicamente influente que consegue favores do Estado à custa de outros grupos de interesses que serão perdedores líquidos (net losers), entre os quais os consumidores angolanos. Esse fenómeno é amplamente estudado pela Teoria das Escolhas Públicas e um dos pioneiros foi o economista Americano Mancur Olson que estudou o fenómeno no seu clássico livro de 1965, A Lógica da Acção Colectiva.

A pressão para que se utilize a pauta aduaneira como mecanismo de protecção aos empresários nacionais e dos produtos nacionais é por isso grande a fim de encarecer os produtos importados e tornar os produtos nacionais mais competitivos. Ausente dessa análise estão os consumidores que numa economia protecionista acabam por ter de pagar preços mais elevados do que a média mundial. E outro erro de análise é não perceber que Angola não é um País rico, se compararmos o PIB per capita que hoje aproxima-se dos 3000 USD com países do Ocidente onde o PIB per capita chega a ser 15 a 20 vezes superior ao nosso. Se observarmos outros indicadores como o índice de desenvolvimento humano vamos chegar a mesma conclusão e concluir que o proteccionismo afecta de forma negativa e desproporcionalmente a população mais pobre que constitui a esmagadora maioria no nosso País.

Uma pauta aduaneira com tarifas mais altas não resolverá os problemas institucionais do nosso mau ambiente de negócios como a falta de atracção de investimento estrangeiro de qualidade, os atrasos nos nossos tribunais e nem os problemas ligados à corrupção na Administração Pública, falta de infraestruturas e nem a falta de mão de obra qualificada pela quase total ausência de qualidade nas nossas Universidades e Escolas Técnicas ou o problema eterno do acesso ao crédito.

Não nos podemos vangloriar do facto da Autoridade Geral Tributária (AGT) ter receitas muito elevadas quando essas receitas acabam por ser pagas pelos consumidores através de preços mais altos num país que não é rico. O sistema normal de tributação de um Estado moderno consiste num conjunto de impostos e vários tipos de contribuições exigidos aos mais variados agentes económicos e os direitos aduaneiros são apenas um dos vértices da pirâmide de impostos num Estado. A maior parte dos Angolanos com um trabalho formal não paga sequer imposto de rendimento de trabalho (IRT) e boa parte dos empresários nem sequer sabe o que é o imposto sobre o consumo.

No caso de Angola o sistema tributário é composto por impostos directos e indirectos nos mais variados sectores da economia, sendo que as receitas tributárias no nosso país consistem na sua maior parte naquelas que advém da exploração petrolífera. O facto das receitas petrolíferas terem um peso desproporcional nas receitas tributárias revela a falta de diversificação da economia e certamente a arrecadação de receitas pelas autoridades aduaneiras não deve substituir o papel da arrecadação de receitas por parte da AGT, impostos esses que deixamos de cobrar porque somos incapazes ou porque não temos uma base produtiva alargada para cobrar impostos de forma a diversificar as receitas tributárias. Para além disso é ingénuo reduzir todos os problemas institucionais do país ao fenómeno da importação e utilizar a AGT como uma espécie de mecanismo de supressão das importações para proteger produtores não competitivos.

A supressão forçada das importações, seja através da imposição de tarifas mais altas, seja através da imputação de custos de inspecções (barreiras não alfandegárias) aos importadores trará fortes externalidades negativas que se traduzirão em preços mais altos para os consumidores, o que não será nada abonatório para o combate à inflação, sabendo que não haverá diversificação imediata da economia nacional que por natureza ocorrerá apenas no longo prazo.

As importações são mais um sintoma dos problemas institucionais de que Angola padece e não a sua causa. Parece-me que em Angola muitos não conseguem ver isso e vêm as importações mais como a causa das nossas debilidades institucionais e não o sintoma. Na ausência de reformas institucionais profundas que levarão bastantes anos a serem implementadas não haverá diversificação da economia Angolana e a nosso ver essas reformas implicam uma liberalização da nossa economia que é uma economia fechada de facto.

Outro aspecto relevante para o debate acerca da diversificação económica tem que ver com a necessidade de construção de capacidades produtivas que não existem em Angola e se os nossos empresários são incapazes de entender um balanço ou ter contabilidade organizada, como irão criar capacidades para criar fábricas, fazendas ou estabelecer uma rede logística integrada? A resposta a estas perguntas revela muito sobre as nossas políticas económicas.

É preciso desmistificar o papel de uma autoridade tributária num Estado moderno e reafirmar a necessidade de resolução de problemas institucionais para criar uma rede empresarial que seja competitiva e que não se esconda atrás de protecções artificiais concedidas pelo Estado, para além disso o que é totalmente esquecido é o papel do consumidor e os preços mais altos como consequência do proteccionismo e e o acréscimo de burocracia que este terá que suportar na engenharia social pretendida.

É preciso também compreender que os investimentos estrangeiros estão ligados à redes logísticas internacionais (global supply chains) e isso requer mercados livres e abertos e comércio com o exterior, em especial com os nossos vizinhos e por isso devemos tomar medidas para aderirmos ao Protocolo de Comércio da SADC de 2005 e dos 15 Países da organização, apenas Angola e a República Democrática do Congo estão de fora. Isso revela que nosso País houve um receio das potenciais consequências da participação no mercado da SADC. A nosso ver esse receio foi e continua a ser infundado e revela mais sobre a protecção artificial que acaba por beneficiar apenas alguns produtores ineficientes à custa da generalidade dos consumidores

No século XXI, tipicamente no sector secundário e terciário os investimentos de multinacionais estendem-se por vários países e na colaboração entre várias empresas e por essa razão não faz sentido um proteccionismo artificial que vai tornar o nosso País menos competitivo e afasta potenciais investimentos de Angola e o modelo Asiático e o seu sucesso foi baseado nessa abertura de mercados e essa lição muita gente parece não perceber.

O recente discurso sobre o Estado da Nação do Presidente Angolano João Lourenço revela que o poder político está consciente dos problemas ligados ao proteccionismo no nosso País e é altura de acelerarmos o passo das reformas para que Angola não seja a excepção no mundo e em África e passemos a criar mais riqueza para a generalidade dos Angolanos não dependente das exportações de crude..

O MERCADO PETROLÍFERO E O CORONAVÍRUS

Novo Jornal, 24/03/2020

Estamos a viver um momento sem precedentes. O impacto que o coronavírus está a ter nas nossas vidas é muito profundo. O coronavírus é um evento de tipo "cisne negro", termo dado por Nassim Taleb a eventos pouco prováveis e raros também muito difícil de prever. As consequências económicas serão profundas, em especial para o sector petrolífero, tema desta reflexão.

E neste momento o mercado petrolífero e o preço do petróleo estão a ser afectados pelo que eu chamo dos "gémeos da desgraça", o coronavírus e a guerra de recuperação de quota de mercado entre a Arábia Saudita e a Rússia.

Em primeiro lugar, importa referir que o coronavírus está a exercer uma pressão muito grande na procura agregada por petróleo global que situa nos 100 milhões de barris por dia (Bpd). De acordo com a Agência de Energia Internacional a procura caiu cerca de 2 milhões de barris apenas este semestre e considerando que alguns dos principais países consumidores estão ainda longe do pico da epidemia, por isso é provável que a queda na procura seja permanente e continue até final do ano.

Do lado da oferta mundial por petróleo, estamos a assistir uma guerra por quota de mercado entre a Arábia Saudita e os seus aliados do Conselho de Cooperação do Golfo e por outro lado a

Rússia. Tanto a Arábia Saudita como a Rússia fizeram parte de um acordo histórico sobre cortes de produção em 2016 que permitiu uma recuperação do preço do petróleo. Esse acordo seguiu-se ao período entre 2014-16 onde a Arábia Saudita seguiu de forma unilateral uma estratégia de recuperação de quota de mercado para impedir que os produtores de xisto norte-Americanos ganhassem quota de mercado. A recusa Russa em continuar os cortes previstos no acordo de 2016 é que convenceu a liderança Saudita a regressar para uma estratégia de recuperação de quota de mercado com o aumento da produção e descontos de preço no seu crude e neste momento estão a produzir cerca de 12 milhões Bpd, de uma base de cerca de 10 milhões BpD.

É nesse contexto que temos de perceber o preço de petróleo e os fundamentais, que são a procura e da oferta mundial por petróleo. A pressão é para um excesso de oferta e um colapso na procura que se pode estender até final do ano. Acresce a isto o facto de termos uma recessão mundial que pode ser muito grave e afectar ainda mais a procura mundial por todo o tipo de matérias primas, incluindo o crude.

Por essa razão é importante que o Executivo Angolano tenha uma estratégia com vários cenários possíveis e deve por isso preparar-se para o pior cenário. Nesse cenário podemos ter um novo normal e assumir que o preço do petróleo pode chegar a 20 dólares o barril e manter-se a esse preço por um período significativo. Nesse novo normal podermos também assistir a um colapso parcial da indústria de xisto nos EUA e uma diminuição da produção de produtores com custos elevados como é caso de Angola, aliado a falta de investimentos em novos projectos petrolíferos.

Os mercados bolsistas já reflectem essa incerteza e as empresas petrolíferas cotadas em Bolsa estão a perder valor. Muitos projectos petrolíferos estão a ser adiados ou abandonados e as grandes petrolíferas (as "Majors") estão já a implementar medidas de emergência para preservar cash-flow e para preços baixos no médio prazo (1 a 2 anos) com planos de ajustamento da mão de obra e corte nos investimentos de capitais (CAPEX).

No caso específico de Angola, temo que este possa ser um dos piores anos dos últimos 18 anos. O Orçamento Geral do Estado foi elaborado com base num preço de petróleo a 55 dólares o barril e deve ser revisto imediatamente. A queda do preço de petróleo vai também afectar as reservas internacionais líquidas do país e forçar uma desvalorização do Kwanza.

A curto prazo, os efeitos serão graves e o país deve preparar-se para um potencial programa de assistência internacional já que vai ser necessário refinanciar a dívida, numa altura onde cerca de 60% da receitas servem para pagar dívida. No sector petrolífero é importante que tanto o Ministério da tutela, como a Agência reguladora tomem já medidas em concerto com os parceiros da indústria para o impacto que se avizinha que vai ser provavelmente o pior que temos memória.

O IMPACTO DO COVID-19 E AS POLÍTICAS PÚBLICAS

Novo Jornal, 07/04/2020

A crise provocada pelo Covid-19 revela a importância da ciência e dos peritos da área da saúde (incluindo médicos, epidemiologistas, biólogos entre outros) na resposta a este desastre de proporções bíblicas e é prova de que o populismo obscurantista anticientífico não é alternativa a crises transnacionais. A tragédia que se vive na Itália demonstra o drama humano que uma crise como esta pode provocar num sistema de saúde que apesar de ser de um país desenvolvido e membro do G-7 não estava preparado para a avalanche de infectados.

Esta crise também veio demonstrar a falta de preparação de muitos países desenvolvidos e em vias de desenvolvimento no caso de epidemias. A partir do momento em que a China não conseguiu conter o vírus dentro do seu território era necessário haver um mecanismo de coordenação internacional (para além da Organização Mundial da Saúde) entre os vários países, que não fosse de mera recolha ou partilha de informação, mas com capacidade de acção em emergências como esta para produção e alocação de equipamento e pessoal médico numa lógica transnacional.

Por essa razão, é evidente que a ausência de uma resposta coordenada a nível global agudizou o problema, já que cada país está a responder de forma individual na ausência de um mecanismo de coordenação transnacional e muitos países no meio de escassez de equipamento estão a colocar restrições a exportação desse material para uso nacional apenas, o que é compreensível.

Também é notório que não têm adoptado as melhores práticas de países como Taiwan, Coreia do Sul e Singapura que contiveram o avanço exponencial do coronavírus através de medidas de contenção nas fases iniciais, como o uso de testes para casos suspeitos, a identificação e isolamento de infectados e de todas as pessoas em contacto com estes, uma política conhecida como "contact tracing" e por essa razão conseguiram conter o avanço exponencial da epidemia e conseguiram manter as suas economias a funcionar sem adoptar quarentenas nacionais e medidas mais restritivas.

Em Taiwan, um dos países da linha da frente, o esforço foi liderado pelo Ministro da Saúde Chen Shih- Chung e pelo Ministro sem Pasta, Audrey Tang que desenvolveu várias aplicações digitais, incluindo um mapa digital para ajudar os cidadãos na compra de máscaras escassas no país, para dar um exemplo específico. Os países Asiáticos têm uma vantagem enorme, porque tiveram de lidar com a crise da gripe SARS de 2003 e a gripe dos suínos de 2009 e criaram mecanismos para lidar com potenciais epidemias e foi nessa altura que Taiwan criou um centro de controlo de epidemias, que hoje coordena a luta contra o Covid-19.

Os países ocidentais como um todo desvalorizaram o impacto do coronavírus e responderam de forma tardia e não adoptaram as medidas iniciais implementadas pelos países da Ásia, anteriormente citados. Se o tivessem feito, não teria sido necessário adoptar medidas extremas como quarentenas a nível nacional. Os Estados Unidos ressaltam como um dos países que mais desvalorizou o impacto do coronavírus e ainda em Janeiro a actual Administração considerava que o coronavírus estava controlado, obviamente os eventos revelam que o país não estava preparado, apesar de ter agências (como o CDC) para lidar com potenciais epidemias e foi isso que ocorreu com em 2009 com a gripe dos suínos.

Evidentemente a resposta a esta crise deve concentrar-se numa primeira fase no combate à propagação do coronavírus e nas medidas de distanciamento social propostas pelos especialistas da área da saúde, uma vez que não há ainda protocolo de tratamento e nem uma vacina e não temos imunidades para o coronavírus. Com essas medidas, os Estados procuram impedir o crescimento exponencial do vírus atingindo uma fase onde a propagação do vírus possa ser contida, aliviando o potencial risco para sistemas de saúde que não estavam preparados para a avalanche de potenciais pacientes a necessitar de ventiladores em número limitado e demais equipamento como máscaras, luvas, etc.

Convém enfatizar que para haver uma contenção do vírus, falar de relaxamento das medidas de quarentena (que variam de país para país) e voltar ao "normal" é absurdo. Não se pode voltar à normalidade no meio de uma doença com uma taxa de letalidade elevada e sem protocolo de tratamento. Forçar pessoas a trabalhar com o risco de serem infectadas e de serem transmissores da doença é muito perigoso e em última análise a sobrevivência toma precedência sobre considerações económicas. Narrativas que se focam nesse argumento não são apenas contraproducentes, mas contrariam as recomendações dadas pelos especialistas na área da saúde e podem levar a mais vítimas desnecessárias. Obviamente que estas medidas são temporárias e nem devem ser vistas como a cura para o problema, mas servem para ganhar tempo até os números de infectados estarem controlados e contidos e não continue o aumento exponencial de casos.

Numa segunda fase, o combate a esta crise deve concentrar-se no colapso económico causado pela paralisação das actividades económicas, numa altura onde cerca de um terço (1/3) do globo está em quarentena. O reputado economista Americano Nouriel Roubini referiu recentemente num artigo no Project Syndicate que as consequências económicas provocadas pelo Covid-19 possam conduzir a uma crise económica pior que a recessão de 2008 e potencialmente a uma nova Grande Depressão, pior do que a que ocorreu entre 1929-1933.

No continente Africano, o Covid-19 coloca um desafio enorme aos sistemas de saúde bastante deficientes (fruto de insuficientes investimentos no sector) que nem sequer estão preparados para lidar com doenças conhecidas como a malária, febre tifóide, cólera entre outras, quanto mais com uma nova doença como o Covid-19, sem protocolo de tratamento ou vacina.

No caso de Angola, ainda antes do registo do primeiro caso a actual Ministra da Saúde, que tem feito um trabalho exemplar, alertou para o facto de Angola possuir apenas de cerca de 6 mil médicos, havendo um défice de 30 mil médicos para todo o país. Acresce o facto do país ter poucos ventiladores, equipamento essencial para combater a pneumonia provocada pelo coronavírus.

O Primeiro-Ministro da Etiópia Abiyi Mohamad (vencedor do Nobel da Paz de 2019) escreveu num artigo de opinião no Financial Times sobre a natureza transnacional do coronavírus e alerta para o facto do vírus não respeitar fronteiras e ser uma ameaça para toda a humanidade. Por essa razão, reafirma a necessidade de uma resposta global e de uma resposta específica para o continente Africano, considerando a debilidade dos seus sistemas de saúde, o que pode provocar um verdadeiro desastre humanitário.

Em sumário, devemos aprender com a resposta dada pelos países Asiáticos acima referidos e no caso de Angola devemos intensificar a cooperação com vários países e com a China para importar equipamento vital e obter apoio médico.

Este momento é de união nesta luta contra este inimigo invisível e deixo também aqui um alerta para os leitores para tomarem todas as precauções necessárias neste momento difícil e de crise e seguirem todas as recomendações dos especialistas de saúde, que têm sido verdadeiros heróis na luta contra esta epidemia.

O ESTOICISMO E O FUTURO

Novo Jornal, 17/05/2020

"É nos tempos de segurança que o espírito deve preparar-se para lidar com tempos difíceis"

Lucius Seneca, Carta a Lucilius nº XVIII

No Estoicismo, há um imperativo ético que exige que os seres humanos vivam de acordo com a natureza. Para os Estóicos, havia na natureza uma finalidade (um telos) e os seres humanos unidos numa comunidade fraternal deveriam viver a vida de acordo com essa finalidade. E uma das consequências desse princípio é a ideia de que temos de concentrar a nossa vida naquilo que está no nosso controlo. O Estoicismo apresenta uma forma distinta de ver o mundo e é muito diferente do paradigma moderno, onde o ser humano está no controlo absoluto de tudo o que o rodeia. Para a Filosofia Estóica há aspectos da vida que estão dentro do controlo dos seres humanos, mas há outros que estão fora do nosso controlo.

A crise provocada pela emergência do Covid-19 demonstra que essa visão do mundo é ingénua e não é correcta. Há muitos factores da vida que não controlamos, apesar da revolução científica dos últimos séculos e em especial dos dos avanços da medicina do último século, a começar com descoberta de penicilina (o primeiro antibiótico) em 1928 por Alexander Flemming que permitiu uma verdadeira revolução nos cuidados de saúde, para dar um exemplo.

Como consequência dessas transformações provocadas pela revolução científica houve um aumento da esperança de vida média, a eliminação da escassez alimentar em boa parte do globo e um período de crescimento económico sem precedentes por causa da globalização e integração económica. A ausência de conflitos directos em larga escala entre as grandes potências, depois da segunda guerra mundial também foi um dos factores que contribuíram para esse "falso" sentido de segurança. Ninguém melhor que Francis Fukuyama no célebre livro "The End of History and the Last Man" para representar esta ideia, parcialmente Hegeliana, sobre o progresso da humanidade para um mundo mais pacífico, liberal, democrático e moderno, numa marcha linear.

A crise de saúde pública e económica provocada pelo Covid-19 demonstra que temos de abandonar essa interpretação da história linear, que vê na história um progresso ininterrupto, sem retrocessos. É necessário pensar a história tal como ela é, como um processo não linear e muitas vezes caótico e com eventos que estão para além do nosso controlo enquanto seres humanos e enquanto sociedade.

Também é importante também reflectir sobre as consequências sociais, políticas e económicas de longo prazo a nível global desta crise. Muitas dessas consequências ninguém consegue antecipar, mas algumas são evidentes, considerando o impacto imediato da crise sanitária.

Em primeiro lugar, esta crise vai intensificar a rivalidade entre as grandes potências, em especial acelerar a competição geopolítica entre a China e os Estados Unidos. Vai ser um regresso a era das rivalidades entre as grandes potências e marca o fim do momento unipolar hegemónico Americano.

Em segundo lugar, a crise vai acelerar a transição económica para a Ásia-Pacífico como a região mais dinâmica do mundo e o seu crescimento relativo muito superior, em comparação com o mundo ocidental e a região do Atlântico. Não é um acaso que os países que melhor responderam a esta crise foram os países Asiáticos (em especial os tigres Asiáticos).

Em terceiro, lugar, vamos assistir uma crise de legitimidade política em muitos países no mundo, resultado dos efeitos negativos desta paralisação das atividades económicas, sem precedentes nas últimas décadas. Podemos ter muitas revoluções e crises políticas em muitos países por causa da profunda crise económica e política provocada pelo Covid-19 e a incapacidade de resposta de muitos países, algo que se nota em países desenvolvidos e países em vias de desenvolvimento.

Teremos consequências não antecipadas desta crise, e algumas já certas como a pior recessão global das últimas décadas, de acordo com o FMI a economia mundial vai ter um crescimento negativo de 3%. Este choque pode estender-se durante anos e traduzir-se em fraco crescimento económico durante algum tempo. Acima de tudo, este evento sem precedentes obriga-nos a ter de repensar o nosso modo de vida, a nossa economia, a nossa sociedade e os mecanismos de coordenação políticos nacionais e globais que vieram do final da guerra fria.

Esta crise global veio abalar paradigmas e as lições do Estoicismo podem ajudar a navegar a incerteza que vamos viver nos próximos tempos e acima de tudo ajudar a mudar essa mundividência moderna que insiste que temos controlo absoluto sobre o nosso planeta e vidas. O Covid-19 veio demonstrar precisamente o contrário. Há muita coisa para além do nosso controlo enquanto seres humanos e a nossa resposta longe de ser de resignação quando estamos perante o desconhecido, deve ser de reconhecer que há limites para o que podemos fazer e concentrarmo-nos nas coisas que podemos mudar.

A GESTÃO DO TALENTO

Novo Jornal, 07/05/2020

Num dos diálogo de Platão denominado Íon , Sócrates no diálogo com Íon indaga se o talento na poesia é do conhecimento e competência ou se é um talento inato. É um texto pequeno mas muito interessante que nos remete à análise das competências das pessoas.

A avaliação das competências é relevante e não é um mero exercício técnico de adopção de uma ferramenta de gestão. É acima de tudo uma escolha do princípio fundamental de que as melhores posições devem estar reservadas aos mais capazes, aos melhores. A questão de como gerimos o talento é uma questão de fundamental importância e por vezes negligenciada, porque o que é óbvio por vezes não é tão evidente.

Como gerimos o talento numa organização? Em qualquer organização, seja no sector público ou privado a gestão de talento é de importância fundamental para o seu sucesso de longo prazo. As organizações de sucesso perdem muito tempo a pensar nessa questão. Saber como atrair e reter talento não é uma tarefa fácil. Muitas organizações não sabem como o fazer e por vezes a gestão do talento que fazem é enviesada e cheia de preconceitos.

Todos concordamos em princípio com a ideia de meritocracia, a questão é a de saber se como se pode implementar um sistema meritocrático? Diferentes pessoas têm diferentes ideias do que deve ser um sistema meritocrático, porque em parte todos nós temos ideias distintas do que deve ser a finalidade de uma organização.

Mas existe um consenso generalizado de que o talento deve ser baseado na ideia de mérito. Em países como Singapura, os líderes copiaram da Shell um modelo de avaliação e promoção de talento para a Administração Pública precisamente porque perceberam a importância de valorização do mérito para o futuro desse país. Singapura é um país limitado pelo seu tamanho, sem recursos minerais ou sem água e Lee Kwan Yew (o Fundador de Singapura) entendeu que a melhor forma de garantir a sua prosperidade e desenvolvimento era garantir o estabelecimento de uma sociedade assente na meritocracia, porque as pessoas é que estão na base do sucesso dos países. Essa mundividência é típica de sociedades Confucionistas, onde a meritocracia é um dos pilares sobre os quais repousa a ordem social, ideia essa em enraizada em toda a Ásia influenciada pelo grande Filósofo Confúcio.

Kishore Mahbubani, um dos maiores pensadores vivos de Singapura, afirma no seu famoso livro "The New Asian Hemisphere" que a meritocracia adoptada pela cidade-Estado, foi um dos segredos de sucesso desse país e dos países Asiáticos.

Infelizmente, em muitos países, a palavra mérito tem um sentido diferente e não há uma visão estratégica de longo prazo para perceber o impacto que tem a meritocracia numa organização e num país. Em muitas organizações a gestão do talento é feita mais por lealdade do que por mérito. E há o risco de nessas organizações serem geridas e inundadas por sicofantas. O risco é o falhanço dessas organizações e o surgimento de uma cultura organizacional tóxica que afasta o melhor talento. A lealdade é muito importante e o talento ideal deve ter tanto competência como lealdade, mas infelizmente os menos capazes por vezes são promovidos ou escolhidos sem passar o teste da competência, mas o do amiguismo, favoritismo e nepotismo.

Uma das qualidades essenciais para qualquer líder deve ser a gestão do talento. Não basta ter capacidade de influenciar ou de ser carismático. Acima de tudo o líder deve ver qualquer organização, seja pública ou privada como um sistema complexo onde ele é o condutor da orquestra que inclui vários talentos e o seu objectivo deve ser o escolher, atrair e cultivar o melhor talento.

Numa das cartas de Thomas Jefferson a John Adams em 1813, poucos anos depois da Revolução Americana, Jefferson afirmava que havia uma distinção natural entre uma aristocracia natural baseada em virtude e talentos e uma aristocracia artificial baseada em nascimento e riqueza, sem virtudes ou talento.

É essa "aristocracia natural" que os líderes de qualquer organização devem escolher, reter e cultivar para que as suas organizações tenham sucesso, porque no final são as pessoas que fazem a diferença em qualquer organização porque as pessoas são a verdadeira riqueza dos países.

ÁFRICA NÃO É UM PAÍS

Novo Jornal, 28/05/2020

Tipicamente as análises sobre África reduzem os vários países do continente Africano a uma realidade comum. A verdade é que num continente com 54 países, é expectável haver diferenças significativas no campo social, político e económico.

Um dos erros básicos nas análises sobre o continente é inferir que a realidade económica, social e política de Angola pode servir de base para uma análise sobre o continente em geral. Para bem e para mal Angola é um caso muito especial no continente, pela sua história e pelo seu percurso político e económico.

E para ilustrar o argumento podemos comparar Angola com o Quénia e o Gana. Por exemplo em 2019, o Gana teve um crescimento do seu Produto Interno Bruto de 6,7% e o Quénia teve um crescimento de 5,7%. Enquanto que Angola teve um crescimento negativo de 1,5%, sendo o quarto ano consecutivo em crescimento negativo (desde 2016), prevendo-se uma queda muito maior em 2020 por causa da crise económica provocada pelo Covid-19.

Por essa razão, não podemos extrapolar o que se passou em Angola para o continente Africano do ponto de vista económico. Angola tem andado a divergir desde 2016 e isso está relacionado com a sua excessiva dependência do petróleo para o seu crescimento económico e o elevado grau de concentração de exportações numa só matéria prima (efectivamente um país em mono-produção, um Petroestado).

Podemos fazer o mesma análise do ponto de vista da governação. O Índice Mo Ibrahim de Governação que mede a qualidade da governação no continente Africano e inclui vários indicadores, entre 4 grupos principais (Segurança/Estado de Direito, Participação/Direitos Humanos, Oportunidades Económicas Sustentáveis e Desenvolvimento Económico). No Índice de Governação de 2018 Angola estava classificada em 45º lugar num total de 54 países. O Gana está em 6º lugar e o Quénia em 11º lugar.

No Relatório "Doing Business" do Banco Mundial de 2020, que mede o ambiente de negócios, Angola também aparece entre os piores países do mundo e do continente em 177º numa lista composta por 190 países. O que demonstra que olhar o continente sobre o prisma Angolano pode conduzir a conclusões muito erradas sobre o estado do continente na dimensão do ambiente de negócios que inclui vários indicadores relevantes.

Há muitos aspectos que são comuns no continente, mas há uma grande heterogeneidade de experiências políticas, sociais e económicas que conduzem a diferentes resultados. Tentar ver África apenas através da perspectiva Angolana é um erro básico de análise, cometido por muitos analistas.

Angola, infelizmente até agora não tem melhorado os indicadores de governação e de ambiente de negócios e isso explica em parte a divergência económica (para além do culpado óbvio, o petróleo) do continente em geral e dos países acima mencionados. As receitas do crude permitiram esconder em boa medida as debilidades institucionais do país e não criaram incentivos para uma maior abertura económica que levasse a uma melhoria do país ou a uma diversificação.

Por essa razão, é preciso repensar numa estratégia que vá para além do petróleo (principalmente numa produção petrolífera a cair até 2025) e isso implica mudar de paradigma sobre o modelo económico e social que temos. A melhoria do ambiente de negócios e dos índices de governação são por isso imperativos e urgentes em Angola.

O economista Africano George Ayittey no livro "Africa Unchained" divide as lideranças Africanas entre chitas e hipopótamos, usando uma analogia com o reino animal. Para Ayittey, os hipopótamos ("hippos") constituem os estilos antigos de liderança, mais preocupados com a manutenção do poder político do que com modelos democráticos e de boa governação. As chitas ("cheetahs") representam o novo estilo de liderança, líderes democráticos, competentes, não corruptos e preocupados com o desenvolvimento económico e social do continente. O continente e Angola precisam de mais chitas que possam implementar reformas que permitam criar mais prosperidade e permitam a melhoria do ambiente de negócios e da governação.

Acima de tudo temos de ver em África como é na realidade, um continente com países distintos com resultados distintos e temos de aprender com as melhores práticas de países da linha da frente do continente como o Botsuana, Cabo Verde ou o Botsuana e a comparação com o Gana e o Quénia revela que Angola ainda está longe de estar na linha da frente do continente, por essa razão não devemos estar surpreendidos com o impacto que a queda do preço do petróleo teve e está a ter Angola. Em suma, África não é um país.

O MAL PRIMORDIAL

"Uma casa dividida contra si mesma não subsistirá"

Abraham Lincoln, 1858

Novo Jornal, 10/06/2020

Os recentes acontecimentos nos Estados Unidos revelam que o "mal primordial" está sempre presente e faz parte da existência humana. A desumanização do outro e a negação da sua alteridade é outro caminho que serve para justificar os actos indescritíveis contra aqueles que considerados inferiores ecomo tal não dignos de reconhecimento ou de protecção.

O mal primordial é a negação da humanidade do outro e revela na natureza humana um ímpeto de dominação. Nesse ímpeto para dominação há uma tendência natural para ver a ideia de justiça como a lei do mais forte, a mesma teoria de justiça adoptada por Trasímaco na célebre obra de Platão, "A República", concepção essa refutada por Sócrates pela sua inerente incapacidade de universalização, porque o mais forte hoje pode amanhã tornar-se o mais fraco.

A escravatura transatlântica foi um dos exemplos dessa negação da alteridade e da adopção de uma teoria de justiça baseada na lei do mais forte, até contra a igualdade natural dos seres humanos proposta por Cristo e pelos apóstolos na tradição e nos textos Cristãos. Não havia maior contradição do que batizar os escravos e enviá-los para as Américas como mercadorias, por um lado eram humanos merecedores da salvação de Cristo, por outro meras mercadorias, simplesmente por serem diferentes.

Ottobah Quobnah Cuogano, no seu célebre livro sobre a escravatura, "Thoughts and Sentiments on the Evil and Wicked Traffic of Slavery and Commerce of the Human Species publicado em 1787 revela que justificar a inferioridade do outro é o primeiro passo para justificar a sua opressão e consequentemente a escravatura Africana. Cuogano foi um antigo escravo do Gana que foi liberto na famosa famosa decisão judicial Sommerset de 1772, onde Lord Mansfield decretou que a Common Law não reconhecia a escravatura de seres humanos na Inglaterra e Gales.

Alexis de Tocqueville, na sua famosa obra "Democracia na América" publicada em 1835 demonstrou a contradição inerente da democracia Americana e a presença da escravatura, o "pecado original" da nação Americana que combateu contra a tirania Britânica pela liberdade dos colonos, negando essa mesma liberdade aos seus escravos e outros grupos. Para Tocqueville a escravatura era uma construção social e política, criada na lógica da lei do mais forte, reconhecida pelo Supremo Tribunal na decisão Dred Scott de 1857 onde se negou até a cidadania aos negros americanos, não escravos. A escravatura nos EUA terminou com o final da brutal guerra civil Americana (1861-1865) e com a adopção da 14ª e a 15ª emenda constitucionais. Infelizmente levou mais de 1 século até haver uma igualdade legal com o desmantelamento da segregação racial que continuou no Sul dos EUA, reconhecida pela famosa decisão judicial Plessy vs. Ferguson de 1896 ("Iguais mas separados") e que terminou com uma série de decisões judiciais, entre as quais a famosa Brown vs Board of Education de 1954 e com a adopção do Civil Rights Act de 1964 pelo Congresso Americano.

Outra negação é a ideia de que o racismo cessou nos EUA e de que já não existe e de que os anti-racistas é que são racistas. É uma estratégia típica de retirar legitimidade moral à vítima e desumanizar o outro para justificar a opressão. É fácil tolerar a discriminação quando diabolizamos o outro e retiramos a sua humanidade e dignidade. O racismo é uma ideologia totalitária e colectivista, cuja permanência só se justifica com essa narrativa, culpabilizando o outro pela sua condição e pelo uso da "carta racial". A narrativa negacionista do Racismo é Maniqueísta e acusa os outros de "vitimização" precisamente para negar ao oprimido a sua voz e o seu direito natural de não se calar perante a injustiça.

A comunidade afro-americana tem muitos problemas, mas negar que há racismo nos EUA é típico de narrativas negacionistas que servem para justificar o mal primordial, a negação do outro e do direito natural de indignação perante a injustiça. Também revela desconhecimento total sobre a história sobre o racismo dos EUA no período que seguiu a guerra civil americana até ao Civil Rights Act de 1964.

Reconhecer que existe um problema racial nos EUA não significa negar a existência do mal primordial noutros países. O mal primordial existe em todo o mundo. O genocídio do Ruanda revela essa desumanização do outro feita contra os Tutsis no genocídio de 1994 e é um exemplo dessa lógica de negação da alteridade do outro, apenas por pertencer a outro grupo étnico. O Holocausto foi também outro exemplo dessa visão totalitária de poder e do mal primordial, onde não se reconheceu no outro a sua dignidade como ser humano, numa lógica antissemita onde o judeu é tratado como não humano. O Holocausto ocorreu no espaço civilizacional supostamente mais "avançado", como se a presença de tecnologia ou de ciência fosse sinónimo da existência de justiça ou de bondade. Infelizmente para os judeus, historicamente perseguidos, a Europa foi o sepulcro de milhões na longa noite que foi a Shoah (Hebraico para Holocausto).

Mas acima de tudo estes acontecimentos nos EUA revelam não apenas um colapso do contrato social entre os vários grupos, num país que nunca foi etnicamente homogéneo e é composto por descendentes de imigrantes, exacerbado pelo colapso económico devido ao Covid-19 e revela que as feridas que vêm do passado que nunca foram completamente saradas.

Mas há muitos mitos que persistem e são perpetuados por essa narrativa de desumanização do outro, precisamente na tentativa de deslegitimar a narrativa do oprimido e negar a sua alteridade e a sua voz. Negar o direito de revolta da consciência humana perante à injustiça e perante os direitos naturais dos seres humanos, é imoral e é aceitar a tese de Trasímaco de que a justiça é a lei do mais forte. Parte do problema é que as pessoas só se revoltam quando são elas a sofrer injustiças, quando ocorre com os outros é fácil ficar indiferente. Essa falta de empatia não nega o direito natural de não nos calarmos perante a injustiça, onde quer que ela se encontre.

Acima de tudo, o Racismo, tal como outras ideologias totalitárias é uma ideologia que se baseia na ideia de hierarquias de raças e nega valor ao indivíduo e a igualdade natural dos seres humanos como parte da mesma comunidade. É acima de tudo uma ideologia antiliberal, anticristã e anti-humana, mas infelizmente continua viva na mente de muitas pessoas e o assassinato de George Floyd veio recordar esse facto, afinal não somos tão civilizados ou superiores. Que a sua memória sirva para recordar a centralidade da dignidade humana e a sua sacralidade perante o divino, afinal somos todos criaturas do Altíssimo.

LIDERANÇA E VIRTUDES

Novo Jornal. 24/07/2020

A liderança é um dos aspectos mais estudados na literatura de gestão. Ser líder é ter uma visão e ter a capacidade de influenciar outros. Ser líder não é ter necessariamente um cargo de chefia formal numa organização. É acima de tudo aquela pessoa que simbolicamente representa uma visão, a volta da qual outras pessoas são congregadas.

No entanto, um dos aspectos esquecidos na liderança é a ideia de virtudes. O ideal de um líder que cultiva virtudes é uma ideia que precisa de ser recuperada na liderança. A ideia de cultivo de virtudes que vem da Filosofia clássica, em especial das três escolas clássicas (Platonismo, Aristotelianismo e Estoicismo) é um dos aspectos essenciais para uma vida feliz ("Eudaimonia"). Infelizmente, essa noção desapareceu em boa medida da formação e escolha de líderes e o cultivo de valores e de virtudes são relegados para fora do espaço da aula e da formação técnica ou executiva.

A Academia como um todo tem desvalorizado a ideia de cultivo de virtudes como um aspecto essencial na formação de líderes, apesar da multiplicação de cursos e programas nessa área. Um exemplo disso é a vida universitária, onde a formação concentra-se muito na formação técnica (a "episteme") e por vezes esquece-se a que a liderança deve também cultivar virtudes que possa levar a sabedoria.

Convém também referir que não basta participar em alguns cursos de Ética para cultivar virtudes, como a coragem, prudência, temperança e justiça (as virtudes da Filosofia Clássica). É necessário um esforço consciente e interior para o cultivo destas virtudes ao longo do tempo.

Um dos melhores livros que li sobre liderança foi o de Harry Kraemer, "From Values to Action" de 2011 e o autor refere que a liderança deve estar alicerçada em valores e aponta para os quatro princípios de liderança; autorreflexão, equilíbrio, autoconfiança e humildade. E um desses aspectos essenciais da liderança referida por Kraemer é a necessidade de autorreflexão por parte do líder e parte do problema de muitos líderes é não se conhecerem a si mesmos, tanto os defeitos, como as virtudes. Não é um acaso que o Óraculo de Delfos tinha a famosa inscrição referida por Sócrates, "Conhece-te a ti Próprio".

Infelizmente, há uma perspectiva muito comum de liderança ligada a uma visão neodarwinista de sobrevivência do mais forte. Essa perspectiva não é apenas perigosa, como perverte muitas organizações que ainda vivem no paradigma do mito do "líder-salvador" que não precisa de ter valores ou virtudes, numa lógica dos fins justificarem os meios.

Os recentes acontecimentos nos Estados Unidos revelam que essa perspectiva neodarwinista leva a uma falha enorme de liderança, independentemente da posição política que se possa ter sobre os problemas em concreto, seja o impacto do Covid-19, seja a discriminação racial. O falhanço de liderança não é apenas em termos simbólicos, mas é um falhanço que destrói a possibilidade de resolver problemas ou encontrar soluções. A ideia de unidade, apaziguamento desapareceu completamente e infelizmente a visão neodarwinista a agudizou a situação.

Parte do problema é que as perspectivas sobre liderança têm desvalorizado a ideia de cultivo de virtudes para melhoria de carácter, características essenciais para uma liderança de sucesso, porque ser líder é também ter a capacidade de lidar com pessoas que não concordam necessariamente com a nossa visão.

Acima de tudo um líder deve ter a capacidade de influenciar e de promover a união e não a discórdia, principalmente num contexto social ou organizacional de divisão profunda. Um líder não deve ser um empecilho na resolução de um problema, principalmente quando está num contexto onde pode impedir a propagação de um fogo. Infelizmente, um líder medíocre age muitas vezes como um pirómano e não como um bombeiro, precisamente porque a ideia de liderança para muitos é uma mera competição do mais forte, típico de lideranças onde a virtude está ausente.

Outro aspecto essencial a ter em conta é que infelizmente em muitas democracias liberais a escolha de líderes transformou-se numa mera competição de personalidades, independentemente da ideia de virtudes ou valores que o líder de cultivar no seu carácter ou personalidade. E é preciso abandonar essa ideia, que não é apenas perigosa, mas atrai líderes medíocres e amorais, que acabam por não ser eficazes ou eficientes. Por isso, as virtudes são essenciais para a formação e escolha de líderes. Vamos recuperar a ideia de virtudes.

A REFORMA "INACABADA" DO SECTOR PETROLÍFERO

Novo Jornal, 04/08/2020

Contrariamente ao que tem sido referido por muitos analistas a reforma do sector petrolífero não se reduz à criação da Agência Nacional de Petróleos e Gás (ANPG) mas deve ser enquadrada numa reforma mais ampla que inclui a mudança do quadro regulatório, em especial uma redefinição da relação entre a Sonangol , a ANPG e o Ministério de tutela (que foi feito), mas ultrapassa essa relação, acima de tudo é um novo contrato social que adopte as melhores práticas da indústria e de outros países.

A criação da ANPG é uma opção legislativa que tenho vindo a defender desde 2015 na esfera pública (no meu livro mencionei o modelo como o mais adequado em termos de Direito Comparado) mas restam muitas dúvidas, principalmente por causa da "atribuição" da função concessionária para a agência que ao mesmo tempo é órgão regulador e foge da experiência de outras jurisdições.

A criação de uma Autoridade Administrativa Independente (AAI) é apenas um dos passos necessários para uma reforma bem sucedida no sector e resta saber se a implementação do modelo AAI vai conseguir ser funcional e não meramente uma mudança formal. Num outro texto académico publicado em Inglês em

2018, além de ter comparado o quadro jurídico de várias jurisdições que implementaram o modelo de "Independent Regulatory Agencies" também fiz menção das dificuldades de implementação destas num contexto institucional e constitucional como o Angolano, onde tipicamente há uma concentração de poderes.

Outro grande desafio para Angola é o facto de ter uma produção petrolífera em declínio. A produção petrolífera Angolana vai chegar a 900 mil barris por dia em 2025 , podendo cair para 600 mil barris por dia em 2032 de acordo com a Consultora Norueguesa Rystad Energy.

Um dos aspectos essenciais que devem ser considerados na reforma é a participação de todos os stakeholders (intervenientes) na definição e formulação de políticas públicas relativas ao sector, incluindo a indústria, o Estado em gera (incluindo Governos Provinciais, Ministérios relevantes) e futuras autarquias (que não meros órgão desconcentrados) afectadas pelo sector petrolífero, organizações de defesa do ambiente, associações empresariais, Parlamento, etc. O que significa que é necessário um diálogo mais abrangente com os vários stakeholders, até porque nem sempre estes têm interesses coincidentes e os interesses do Estado são muito variados, não se reduzem à maximização de receitas mas devem considerar considerações ambientais, proteção laboral, conteúdo local, participação da nossa estatal na cadeia de valor, entre outros, sempre na perspectiva de exploração sustentável dos recursos.

Importa também referir que o modelo Angolano não é o único modelo possível. Há vários modelos regulatórios possíveis (a nível global) e que garantem uma melhor governação e maior eficiência no sector.

Para além disso, a ideia comum de que Angola possui um bom quadro regulatório no sector é profundamente incorrecta. Angola adoptou algumas das melhores práticas, no entanto ainda estamos longe de termos um modelo regulatório adequado e sermos benchmarking para outros países. E existem dados que demonstram isso. O Índice de Governação do "Natural Resource Governance Institute" avalia a boa governação no sector petrolífero (incluindo o gás natural) de 89 países e na sua metodologia inclui três critérios principais (Realização de Valor, Gestão de Receitas e Ambiente de Contexto – Value Realization, Revenue Management, Enabling Environment) e outros subcritérios incluindo, o quadro legal, a fiscalidade, controlo da corrupção, prestação de contas, etc.

O Natural Resource Governance Institute classifica Angola com 35 pontos numa escala de 100 pontos no que se refere à boa governação no sector petrolífero (com uma classificação de pobre). Angola precisaria de pelo menos uma classificação de 60 para ser considerado satisfatório nos termos da metodologia utilizada pelo Instituto. E Angola aparece no lugar nº 70 num total de 89 países avaliados.

Isso revela que não basta fazer meras reformas legislativas para atingir um bom quadro regulatório e o que foi feito, apesar de muito positivo, e de estar no bom caminho, está muito longe do que é possível ou desejável. Por isso é imperativo que se continuem com as reformas regulatórias o país consiga atrair mais investimento no sector e consiga maximizar o seu potencial geológico, ainda por descobrir e explorar.

Aqui vão algumas singelas recomendações que podem melhor a boa governação para o sector:

1. A transformação da Sonangol numa empresa "energética" e não numa empresa de petróleo e gás strictu sensu e o abandono de actividades não nucleares (tal como investimentos em bancos no exterior por exemplo), já que não conseguiu ainda ter o sucesso de uma estatal petrolífera como a Petronas ou a Petrobras (tecnicamente uma empresa de capital misto, mas com maioria de capital público) e só produz cerca de 5% da produção petrolífera angolana (em especial a P&P). O maior desafio para empresas petrolíferas (a nível global) vai ser o declínio da procura por pe-

tróleo global nas próximas duas décadas e o declínio da produção petrolífera Angolana para 600 mil Bpd em 2032. A Sonangol deve por isso apostar numa integração das suas atividades (em especial no sector petroquímico e refinação onde o futuro do crude está) e apostas em outras em outas fontes de energia e a adopção de métricas de sustentabilidade (incluindo ao que chamamos "Environmental Social and Governance", ESG) até para uma preparação para entrada no mercado de capitais como ocorreu com a Petrobras e a Equinor, ambas estatais.

2. A revisão da Lei das Actividades Petrolíferas e demais legislação para incorporar as melhores práticas da indústria e de outros países incluindo normas mais estritas em proteção ambiental (incluindo normais mais claras e rigorosas sobre poluição, o impacto das emissões de CO2 nas alterações climáticas, etc), respeito pelos direitos humanos (seguindo as diretrizes das Nações Unidas para o sector empresarial), participação de stakeholders e normas de ética e anti-corrupção.

3. Uma lei sobre conteúdo local (não uma mera cópia de leis de outros países) que verdadeiramente incorpore as melhores práticas e promova a inserção de angolanos garanta efetivamente a criação de competências locais de uma forma sistémica e a participação de PMEs.

4. Uma Lei anti-corrupção e de compliance para o sector da energia que garanta maior transparência, imparcialidade, ética, etc. . A participação de empresas nacionais na cadeia de valor em todos os segmentos da indústria para evitar que pessoas politicamente expostas (Political Exposed Persons) sejam os beneficiários efectivos do "local content". No caso do Brasil, muita da corrupção que deu origem ao escândalo do "Petrolão" que envolveu a Petrobrás estava relacionada com as regras muito restritivas sobre o conteúdo local e os incentivos perversos ligados à política. Por isso é necessário muito cuidado na forma como se implementa o conteúdo local, já que os riscos de corrupção podem aumentar.

5. Um novo quadro normativo para a exploração e uso do gás

natural, que não deve ser todo exportado, mas deve ser parcialmente ser aproveitado para produção eléctrica, num contexto em que apenas 30% da população tem acesso a electricidade.

6. A necessidade de discussão e adopção de políticas energéticas num Conselho sobre Energia (à semelhança do Brasil que criou um Conselho Nacional de Políticas Energéticas na reforma de 1997), um dos erros da estratégia do sector petrolífero é tentar formular políticas relativas ao sector do petróleo e gás sem considerar a energia como um todo e outras fontes energéticas. Políticas energéticas devem ser consideradas como um todo porque competem entre si.

7. A necessidade maior transparência na publicação de informação sobre as receitas do sector petrolífero para o público e por isso defendo a entrada de Angola na Iniciativa para Transparência das Indústrias Extractivas (EITI). Esse passo iria aumentar a reputação de Angola e permitir uma governação

O artigo não pretende ser exaustivo e nem oferecer soluções milagrosas para o sector, mas chamar atenção para alguns dos problemas que persistem desde que iniciou o processo de reforma em 2015 e para algumas das inovações que podem melhorar a atractividade de Angola em comparação com outros países hoje mais atraentes tanto em potencial geológico e com melhores termos financeiros e fiscais como a Guiana e Moçambique que têm atraído investimentos bilionários.

Convém também referir que o artigo não pretende desvalorizar o que foi feito e as reformas em curso, mas visa apenas contribuir para o debate e fazendo jus a máxima melhorando o que está bem e corrigindo o que está mal.

ENTREVISTAS

ENTREVISTA Nº1

O PAÍS

16/10/2015

1º- O que o motivou a escrever o livro "A Organização dos Países Exportadores de petróleo - O caso de Angola?

O Livro tem com base um relatório produzido durante um estágio realizado no Gabinete Jurídico da Organização dos Países Exportadores de Petróleo (OPEP) em Viena de Áustria de Junho a Setembro de 2013.

2º- Mas na sua inspiração de que fontes terá também bebido?

O Livro adopta uma perspectiva multidisciplinar e utiliza várias fontes. Começa por uma análise histórica acerca do papel da Organização dos Países Exportadores de Petróleo e utiliza os testemunhos de figuras influentes que estiveram ligadas à Organização como Fadhil Challabi (antigo Secretário- Geral da OPEP) autor do Livro "Políticas Petrolíferas e Mitos Petrolíferos" e Juan Pablo Perez Alfonso representante da Venezuela na Conferência de Bagdad de 1960 que estabelece a Organização e autor do Livro "Pentágono Petrolífero". O Livro também utiliza muitos Livros e artigos académicos dentro da literatura especializada acerca da OPEP em varias perspectivas, numa perspectiva da Geopolítica e da Segurança Energética, numa perspectiva Económica e numa Análise Jurídica.

O Livro também utiliza várias fontes de vários Organismos públicos e privados e de Organizações Internacionais que publicam dados estatísticos regulares sobre a evolução do mercado energético em geral e do petróleo em geral como a Agência de Energia Internacional (AEI), da própria OPEP, dados da Administração de Informação Energética do Departamento de Energia dos Estados Unidos, o Anuário Estatístico da BP sobre Energia Mundial, Dados Estatísticos do Banco Mundial e do Fundo Monetário Internacional.

O Livro também utilizou muitos artigos de análise sobre o mercado energético da Imprensa especializada em Economia e Finanças.

3º- E a que público se destina a obra?

A obra destina-se ao público em geral. É um Livro bastante acessível e pode ser utilizado pelo cidadão comum e também para o público mais especializado e é um Livro que pretende abrir um debate e potenciais linhas de investigação acerca dos temas ligados ao Petróleo e ao papel da Organização dos Países Exportadores de Petróleo nos mercados internacionais.

4º- Que avaliação faz o senhor sobre a economia angolana hoje?

A Economia Angolana atravessa momentos difíceis em virtude da queda significativa do preço de Petróleo e as receitas petrolíferas representam a maior parte das receitas do Estado e da obtenção de divisas. A nossa dependência de Petróleo é um dos principais factores de vulnerabilidade uma vez que o Petróleo é uma matéria-prima cujo preço é determinado pelo mercado mundial e não depende de Angola.

5º- É incontornável falar do petróleo não é verdade?

Falar de Petróleo é incontornável e agora neste momento de queda de preços de Petróleo é o nosso passatempo nacional.

6º- O Sr. numa das entrevistas que deu falou que Angola foi apanhada de surpresa pela queda brusca do preço do petróleo. Pode fundamentar essa declaração?

Importa referir que a queda do preço de Petróleo começa a partir de Junho de 2014 e o nosso País representa apenas cerca de 2% da produção global mundial estimada em cerca de 92 milhões de Barris de Petróleo por dia e por essa razão o nosso País tem uma capacidade muito limitada de influenciar o preço do Petróleo nos mercados internacionais.

Angola foi apanhada de surpresa por causa de factores alheios à Angola e em especial do aumento exponencial da produção de Petróleo não convencional (Xisto) dos Estados Unidos da América e da estratégia da Arábia Saudita e dos Estados do Golfo que procuram aumentar a sua quota de mercado e por isso precisam de preços de Petróleo baixos. Convém recordar que as decisões na OPEP são tomadas por consenso e a Arábia Saudita sendo o País que lidera os Estados do Golfo na OPEP vetou a possibilidade de cortes de produção na reunião de Novembro de 2014 e isso enviou um sinal aos mercados internacionais que a OPEP não estava disposta a cortar na produção para equilibrar o mercado, uma vez que isso significaria ceder quota de mercado aos produtores Americanos.

7º- Então que ganhos ou perdas o País no retirar da sua presença como membro de pleno direito da OPEP?

Qualquer análise sobre o papel de Angola na OPEP deve ser começar numa perspectiva de custos e benefícios. No Livro tenho uma secção onde abordo essa questão. Existem custos como o sistema de quotas imposto a todos os Países- Membros e implica uma limitação da produção e este sistema de quotas pode dissuadir potenciais decisões de investimento no sector. A presença de Angola na OPEP também tem benefícios e um dos principais benefícios é conferir ao País um a "lugar à mesa" na OPEP que é uma plataforma com capacidade de influenciar de forma significativa os preços petrolíferos mundiais uma vez que a OPEP representa cerca de 40% da produção global de crude e 80% das reservas provadas. Outro grande benefício de pertencer à OPEP é permitir Angola uma melhor gestão racional dos seus recursos petrolíferos e por isso permitir uma melhor longevidade do Petróleo que possuímos.

8º- É ponto assente que os Estados Unidos e a Arábia Saudita são os principais responsáveis pela queda dos preços do crude no mercado internacional ?

Parece-me que sim. A Arábia Saudita é o País hegemónico no seio da OPEP e é considerado como o "Produtor Flutuante" (Swing Producer) porque possui uma capacidade extra de produção de cerca de 2 a 3 milhões de Barris de Petróleo por dia para além de ter uma produção média diária de cerca de 10 milhões de Barris de Petróleo por dia. O que significa que os Sauditas podem produzir muito mais do que estão a produzir e com isso aumentar o excesso de oferta de Petróleo no mercado actualmente e contribuir para uma queda ainda maior do preço de Crude.

No longo prazo, os Sauditas querem que o Petróleo seja uma das principais fontes primárias de energia e por isso a sua estratégia é de ter preços baixos de Petróleo porque preços altos de Petróleo têm um efeito de substituição e criam incentivos para alternativas ao Petróleo   e por isso tornam o Petróleo menos atractivo para os consumidores que procurarão alternativas ao Petróleo como o Gás Natural, Energias Renováveis entre outras. E os Sauditas querem que o Petróleo seja relevante como fonte primária de energia nas próximas décadas e preços altos não são do interesse deles até porque é o principal produto deles e eles têm muito mais Petróleo do que Angola e a sua extracção tem custos mais baixos do que o nosso crude. Importa também mencionar que os Sauditas utilizaram com sucesso uma recuperação de quota de mercado em 1985-86 com sucesso.

O mercado Petrolífero neste momento tem um excesso de crude que se estima na ordem dos 2 milhões de Barris de Petróleo e os Estados Unidos são responsáveis pela maior parte do excesso de crude no mercado. O argumento dos Sauditas é que sem preços altos, não haveria incentivos económicos para o início da indústria de Petróleo de Xisto dos EUA e por isso podemos ver a actuação dos Sauditas que controlam inteiramente a sua produção petrolífera como uma guerra à indústria de Xisto Americana.

9º- É verdade que os países não produtores são os mais beneficiados com esta queda de preços?

Tipicamente os Países importadores líquidos de Petróleo (que constituem a maior parte dos Países do mundo) beneficiam da queda de preços de Petróleo porque têm que pagar menos em Dólares pelo Petróleo que consomem e existem vários estudos económicos que demonstram que a queda de preços de Petróleo funciona com um estímulo ao crescimento económico dessas economias.

10º- Mas nas últimas semanas o preço do petróleo já terá subido um pouco ou seja para a fasquia dos 50 dólares. Essa tendência crescente se irá manter ou não?

Qualquer análise referente ao preço de Petróleo deve começar com uma análise da Procura e Oferta mundial de crude e como referi anteriormente, existe claramente um excesso de oferta de Petróleo no mercado por causa do Petróleo de Xisto dos EUA e existem outros indicadores que demonstram o excesso de oferta de Petróleo como os níveis recorde de aumento de armazenagem (stocks) de Petróleo. A meu ver mesmo que o Petróleo ultrapasse a fasquia dos 50 USD por Barril, dificilmente o preço do crude atingirá os máximos do ano passado e vai demorar cerca de um (1) ano a dois (2) anos para voltar haver um equilíbrio entre a Procura e a Oferta mundial de Petróleo e mesmo nesse cenário os preços não serão muito altos e não vão atingir os máximos históricos que começaram a partir de 2003 e atingiram preços acima de 100 USD por Barril, salvo uma catástrofe natural ou um evento de magnitude geopolítica.

Em resumo, a tendência será de preços baixos de Petróleo no curto prazo e preços moderados no longo prazo muito inferiores aos preços que estamos habituados nos últimos anos.

11º- Diz-se que o petróleo de xisto dos EUA não é rentável, de tal forma que muitas companhias americanas já estão a desistir de produzi-lo? Até que ponto isso pode servir de alento para a subida dos preços no mercado internacional?

Como foi mencionado anteriormente, os Sauditas acreditam que a queda dos preços de Petróleo irá forçar os Produtores dos EUA a cortar na produção e abandonar boa parte dos poços, uma vez que o Petróleo de Xisto apresenta custos elevados e um dos indicadores para verificar se isso está a ocorrer é contar o número de poços novos de Xisto que foram abertos no último ano.

No entanto, um factor que os Sauditas têm descontado é a resiliência e ganhos de eficiência dos Produtores Americanos e se no início do ano o "Break–Even" para o Petróleo de Xisto era considerando por diversos analistas como 50 dólares e hoje esse preço deve ser muito inferior, o que significa que para tornar economicamente inviável a produção do Petróleo de Xisto dos EUA os Sauditas terão que optar por uma estratégia de preços ainda mais baixos do que os 50 Dólares por Barril, o que parece ser pouco provável nesta fase.

12º- Que leitura faz Sr. sobre a diversificação da economia em Angola e a sua aplicação em profundidade apenas agora depois da crise digamos do petróleo?

Este é um tema complexo que deve ser analisado em várias dimensões mas um dos aspectos que deve ser objecto de análise e que abordo no Livro está relacionado com os efeitos da "Doença

Holandesa" e apreciação da taxa de Câmbio e o efeitos nefastos da apreciação do Kwanza nos outros sectores da Economia. Vários autores Angolanos e estrangeiros já se pronunciaram sobre esse tema, mas é importante referir que o excesso de divisas não "esterilizadas" têm esse feito penalizador em sectores chaves como a indústria porque encarecem os custos de produção interna e tem como consequência imediata um aumento das importações, o que ocorreu em Angola.

Falar de diversificação é falar não apenas de diversificação da contribuição para o PIB dos vários sectores de actividades económicas mas também é falar da diversificação das exportações.

No entanto, não se pode falar de diversificação económica sem reformas institucionais profundas do Estado e da Sociedade Angolanas e isso significa um programa acelerado de liberalização da Economia. A Economia Institucional estuda a forma como as instituições seguindo a definição de Douglas North (Um dos Pais da "nova" Economia Institucional) e podem ser definidas como regras formais e informais que constrangem e conforma os agentes numa economia e como tal afectam o desempenho económico e para a diversificação económica temos de ter instituições que permitam esse desempenho eficiente da Economia e isso significa que temos que ter um forte Estado Regulador que garanta e proteja os "direitos de propriedade" (latu sensu) com um sistema judicial forte e eficiente que produza decisões em tempo útil, uma Administração Pública moderna e que veja o cidadão como o seu cliente, a desburocratização na oferta dos serviço público, uma Economia aberta ao comércio exterior e ao investimento externo, a promoção da melhoria constante do ambiente de negócios e a melhoria dos Índices de Angola nos Rankings internacionais como o Relatório "Fazer Negócios" do Banco Mundial e o Índice da Competitividade do Fórum Económico Mundial, entre outros.

13º- Ainda assim o petróleo continuará a ser o principal produto

de exportação de Angola por muito tempo?

O Petróleo vai continuar a ser o principal produto de exportação de Angola durante algum tempo. A diversificação das exportações para a obtenção de divisas para além do Petróleo vai demorar algum tempo porque a diversificação da Economia e das exportações deve ser precedida das medidas que acima referimos mesmo no sector Agrícola e no sector Mineral não diamantífero onde vejo potencialidades enormes ainda não realizadas.

ENTREVISTA Nº2

JORNAL DE ECONOMIA & FINANÇAS,
2/03/2018

1. Por que razão considera que a reforma do sector petrolífero em Angola precisa de considerar o quadro regulatório no geral e não deve ser confundida ou reduzida à reforma da Sonangol, enquanto empresa nacional de petróleos?

A política petrolífera do Estado Angolano (como parte integrante das políticas públicas) deve assentar sobre um quadro regulatório que integre uma abordagem que envolva todas os stakeholders (partes interessadas) no sector petrolífero e acima de tudo um objectivo fundamental da participação do Estado no sector petrolífero deve ser a separação da função reguladora da função comercial.

Isso significa que o Estado deve criar um quadro regulatório com uma Autoridade Competente que não se deve confundir com a Sonangol enquanto Empresa nacional de Petróleos detida pelo Estado (National Oil Company ou NOC). Isso significa que nesse futuro quadro regulatório teremos uma maior clarificação das funções.

Essa Autoridade Competente será a Agência Nacional para Hidrocarbonetos e será responsável pela preparação dos concursos públicos para licitação dos blocos, criação de regulamentos técnicos, inspecções e demais poderes regulatórios, etc e vai assumir poderes do Ministério e da Sonangol. Nesse quadro regulatório o Ministério dos Petróleos será um órgão de definição de políticas públicas relativas ao sector, mas a regulação será feita pela agência independente, solução essa que temos defendido há alguns anos e abordo esse tema no meu livro sobre a Organização dos Países Exportadores de Petróleo e Angola publicado em 2015. E a criação de uma agência apenas segue o modelo mais adoptado em todo o mundo por vários Países. Essa agência deve ter autonomia operacional, independência técnica livre de interferência política

Importa também referir que os objectivos do Estado no sector petrolífero não se reduzem apenas à arrecadação de receitas, mas incluem a protecção ambiental e de segurança no trabalho (no nosso País um tanto esquecida), a integração de empresas nacionais e quadros nacionais no sector petrolífero (esse é o conceito de conteúdo local no qual se integra a Angolinização), o respeito por direitos humanos (hoje parte das recomendações da ONU para os investimentos das multinacionais), engajamento com as comunidades locais, entre outros objectivos relevantes.

Por essas razões, creio que se tem confundido as duas questões e reduz-se quase sempre à reforma do sector petrolífero à reforma da Sonangol.

2. O que se deve fazer para que haja maior atractividade do sector petrolífero para os investidores, pois tipicamente são empresas petrolíferas internacionais que dominam o mercado, contrariamente aos Estados do Golfo, onde a produção petrolífera é realizada essencialmente por nacionais?

Acima de tudo temos de melhorar o quadro regulatório e oferecer maior clarificação e estabilidade dos seus investimentos para os investidores e melhorar substancialmente o quadro financeiro/económico oferecido às empresas internacionais de petróleo (IOCs). Isso significa que num quadro da revolução energética em curso nos EUA, novas descobertas petrolíferas em outros Países, Angola está a competir com dezenas de Países na atracção de investimento e acresce a isto o facto dos preços de petróleo terem decrescido significativamente desde 2014.

A melhoria do quadro financeiros/económico inclui toda a quota parte que cabe ao Estado na exploração petrolífera incluindo os impostos. Num ambiente de preços baixos de crude devemos oferecer melhores termos financeiros à potenciais investidores e isso implica uma melhoria dos termos fiscais, por exemplo, reduzindo as taxas de impostos petrolíferos, oferecendo mais incentivos fiscais entre outras medidas.

Podemos também implementar uma aceleração de novas licitações de novas áreas para estimular a exploração dessas áreas e assim aumentar a nossas reservas e produção petrolífera.

3. Há ainda muitos desafios da indústria petrolífera angolana em 2018, sobretudo das operadoras internacionais em actividade em Angola, que inclusive estão a despedir pessoal.

Esses desafios resultam da contração global da indústria petrolífera desde 2014. Angola não é excepção. Acresce ao facto de que Angola está a sofrer com a crise cambial com uma diferença muito significativa entre a taxa oficial e paralela resultado da queda das receitas obtidas da venda de petróleo que afectou de forma significativa as nossas Reservas Internacionais Líquidas (RIL). A única forma de contrariar esse efeito é acelerar as reformas petrolíferas e atrair novo investimento como referi anteriormente.

4. A transformação e reestruturação da Sonangol e demais subsidiárias, a criação de uma agência reguladora independente, e a melhoria das condições fiscais e financeiras para os investidores porquê são princípios a se ter conta?

Creio que já respondemos parcialmente à essa questão. A Sonangol é a concessionária nacional nos termos do artigo 4º da Lei das Actividades Petrolíferas e as empresas internacionais de petróleo são obrigadas à associar-se à Sonangol. Num modelo onde a Autoridade Competente para o sector petrolífero e do gás natural é o de agência independente, essa função de concessionária deve ser transferida para a agência independente que vai representar o Estado Angolano nos contratos petrolíferas com os investidores e vai assumir funções regulatórias. Isso significa que a Sonangol passa ter que concentrar-se na sua função comercial de exploração e produção petrolífera. Esse é o modelo que o Brasil adoptou depois das reformas de 1997 com a Petrobras. É também o modelo Norueguês com a Statoil e é o modelo adotado pelo México com a Pemex depois de abertura do sector petrolífero que começou depois de 2013.

5. A Comissão de Reestruturação do Sector Petrolífero criada em 2015 e concretizada pelo Decreto Presidencial nº109/16 de 26 de Maio está a acelerar o passo para a reforma pretendida?

Depois das eleições de 2017 podemos constatar um acelerar do passo da reforma e passos concretos para a institucionalização finalmente da agência independente e da preparação de um novo quadro legislativo que possa implementar as reformas previstas.

6. Sente que já há resultados da reestruturação anunciada?

Já existem alguns resultados, tanto na Sonangol como no órgão Ministerial encarregue de implementar a visão política do novo Titular do Poder Executivo que pretende maior transparência e estabilidade no sector de forma a atrair mais investimentos.

7.   Por que defende que a manutenção do monopólio de concessionária nacional na Sonangol é um erro e não vai ao encontro da necessidade de liberalização do sector?

Porque a Sonangol não é produtora de petróleo. Produz muito pouco petróleo na sua subsidiárias. Essencialmente o grosso da produção petrolífera Angolana (mais de 95%) é assegurada pelos parceiros internacionais, pelas Associadas. Os interesses do Estado devem ser representados pela agência independente e isso vai evitar conflitos de interesse e separar bem a função reguladora da função comercial do Estado no sector, uma vez que a Sonangol é o órgão regulador de facto no sector petrolífero. E como a agência a Sonangol pode concentrar-se na função comercial e ganhar capacidades que mais tarde pode exportar.

8.   Até que ponto os desafios que se colocam a Sonangol resultam não só da queda do preço do petróleo, mas, fundamentalmente, de políticas de gestão e financeiras pouco alinhadas com as melhores praticas internacionais?

É o que todos queremos saber. O novo Conselho de Administração da Sonangol terá o papel de avaliar o estado do grupo Sonangol e implementar reformas ao abrigo da Governança Corporativa (Corporate Governance) para permitir um maior controlo das acções da empresa por parte do acionista que é o Estado. Na última conferência de imprensa do novo Conselho de Administração da Sonangol constatou-se que houve problemas sérios na gestão da Sonangol.

9. O resultado líquido consolidado da Sonangol em 2016 registou uma diminuição de 72% face ao exercício de 2015, mas há ainda desafios no segmento non-core do que na actividade de downstream e no corporate and financing...

O decréscimo das receitas está associado à oscilação dos preços de petróleo. Existem outros factores que explicam os resultados entre os quais o não aumento da produção petrolífera e por isso é essencial que possamos atrair novos investidores e possamos aumentar a nossa produção, em especial de gás natural. O Downstream tem um quadro regulatório próprio onde interesse público é um factor a ter em conta e é um segmento distinto do Upstream e iria requerer uma análise separada.

10.   A exploração e produção foi a que mais contribuiu para a execução do programa de investimentos da petrolífera. Deve-se apostar noutros segmentos de negócios?

Sim. Creio que o segmento de negócios com um potencial enorme é o sector petroquímico. Em Outubro do ano passado nas jornadas científicas de FESA em que tive a oportunidade de participar, referi que é um segmento que devemos apostar e é uma forma de gerar valor acrescentado ao petróleo e gás e gerar receitas adicionais para o País. Também referi que existem países produtores de petróleo e de gás natural onde isso foi um aposta estratégica como o caso da Arábia Saudita e creio que devemos avançar nesse segmento o mais rapidamente possível com boas parcerias internacionais.

11. A tendência de redução acentuada de receitas da Sonangol não foi acompanhada, quer 2015, quer no primeiro semestre de 2016 por uma redução de custos nem por uma revisão da estratégia de investimento da empresa?

Como referi anteriormente, é preciso primeiro fazer uma avaliação do grupo Sonangol para poder responder à essa questão. Como analista não é possível retirar ilações sem ter conhecimento interno do grupo Sonangol. Quanto à estratégia de investimento, creio que existe um consenso entre os analistas que a Sonangol deve focar-se essencialmente na sua área "core" de negócios que é a produção e exploração de hidrocarbonetos de forma sustentável e comercial sem recorrer à subsídios do Estado e quando isso for alcançado iniciar uma estratégia de internacionalização. Um bom modelo onde podemos aprender lições valiosas é o da Petronas na Malásia.

12. A ausência de uma boa gestão foi a principal causa das derrapagens da Sonangol levando-a para uma crise financeira de que ainda não se recuperou?

Já referi que houve um conjunto de factores que explicam os maus resultados. O que é boa gestão num País sem um mercado de capitais? De recordar que não existem ainda empresas públicas ou privadas cotadas em bolsa de valores e a BODIVA só recentemente foi criada. Isso revela que sim, houve problemas de gestão mas infelizmente é um problema maior que está relacionado com a Governança Corporativa como referi e isso deve ser corrigido com a implementação de reformas pelo novo Conselho de Administração da Sonangol. Também recomendaria a criação de um Departamento de Compliance para a Sonangol com funções claras para uma gestão mais criteriosa dessa empresa.

A meu ver houve problemas de gestão aliados ao contexto internacional de uma queda muito significativa dos preços de crude em função do excesso de oferta de petróleo que adveio do petróleo de xisto na América do Norte.

13. Por que motivo os custos de produção de petróleo em Angola são elevados do que noutras realidades?

A principal razão está relacionada com o facto que a nossa produção petrolífera é inteiramente no offshore (no mar) e isso encarece os custos devido à complexidade técnica e à custos iniciais de capitais (Capital Expenditures ou CAPEX) muito mais elevados do que no onshore (terra) e os novos poços são em profundidade muito maior. E temos uma dependência muito grande das empresas estrangeiras para a exploração e produção de petróleo e

alaiado aoa facto de termos uma produçãoo interna pouco reke-
vante para essa exploração, tudo tem de ser importado inclusive
mão de obra. Todos esses factores tornam a produção bastante
elevada.

14. O petróleo, sendo um recurso não renovável, levará ainda muito tempo para ser explorado?

É importante referir que qualquer análise sobre petróleo tem de
partir de uma análise económica e da procura e da oferta. As reservas provadas globais de petróleo estavam estimadas em um
trilhão e setecentos bilhões de barris de petróleo (de acordo com
a BP Statistical Review of World Energy) em 2015 e isso significa
cerca de 50 anos de produção com aos actuais níveis de produção. Mas todos os anos as descobertas aumentam mais do que a
procura.

A nível global o problema não é fim do petróleo, a teoria do pico
do petróleo foi falsificada, em função de novas descobertas. Obviamente que o petróleo é finito, mas nas últimas décadas as novas
descobertas tem ultrapassado a procura por crude. Isso significa
que com a descoberta de novos poços em todo o globo, a revolução do petróleo não convencional como o petróleo de xisto,
assim como o petróleo, a oferta de crude tem aumentado mais do
que a procura.

Por isso, se pretendemos perceber o papel do petróleo no "mix"
energético mundial temos de olhar para a procura por petróleo e
não para a oferta que como disse tem aumentado todos os anos.
O petróleo representa cerca de 30% do consumo primário energético mundial e essa percentagem vai diminuir no longo prazo em
função de legislação ambiental, aumento de consumo de energias
renováveis, aumento de gás natural. E esse é o desafio que temos
de considerar.

No caso Angolano temos reservas provadas de cerca de 10 a 12
bilhões de barris de petróleo Ao actual ritmo de produção (se

olharmos para o rácio de reserva para produção) as nossas reservas durarão cerca de 20 anos. No entanto, temos muito mais petróleo por descobrir em termos de reservas estimadas mas isso requer exploração e investimento. Daí ser essencial termos um quadro financeiro e legal atractivo para as empresas internacionais de petróleo.

15. Até que ponto o aumento da produção do xisto nos EUA pode complicar ainda mais a vida dos países produtores do crude a nível mundial?

A pressão vai aumentar e isso terá um efeito nos preços de petróleo e uma tendência para a descida. Isso pode forçar a OPEP a ter que acordar novos cortes de produção e ter como consequência um aumento da quota de mercado dos EUA.

A produção do xisto vai tornar em pouco menos de 5 anos os EUA num dos maiores exportadores de gás natural do mundo, uma vez que os EUA já conseguiram atingir suficiência em gás natural. Quanto ao petróleo de xisto, considerando os actuais preços de petróleo na ordem dos 65 dólares por barril, a produção de petróleo vai aumentar e diminuir ainda mais a importação de petróleo nos EUA que ainda importam cerca de 6 milhões de barris de petróleo por dia.

Mesmo que os preços do crude subam para 100 dólares no futuro, nada se vai alterar, conforme dizem os especialistas, porque os custos de colocação em produção no país são mais elevados que nos anos 90. Concorda?

A questão para Angola não é essa. A questão é como atrair mais investimentos para aumentarmos as nossas reservas provadas e explorarmos áreas que não são comercialmente viáveis com os actuais preços de petróleo. Existem Países que estão a atrair investimentos no offshore como o México e a Guiana e têm atraído grandes investidores.

17. O que acha, o petróleo facilitou ou emperrou o desenvolvimento económico de Angola?

O petróleo deve ser um factor de desenvolvimento e deve potencializar o desenvolvimento. O problema não é o petróleo. Tudo depende de como usamos o petróleo para o nosso desenvolvimento. O petróleo só se torna uma maldição se o País não tiver instituições capazes para gerir de forma sustentável o influxo de divisas.

Nesse sentido podemos concluir que as receitas que advieram da venda de petróleo não foram tão bem utilizadas, porque não estabelecemos instituições bem solidificadas para fazer a gestão do petróleo e conter os seus efeitos negativos, tal como a apreciação da taxa de câmbio que leva à doença holandesa (Dutch Disease).

A Noruega é um exemplo que demonstra que o problema não é o petróleo, mas sim as instituições do País, a Noruega já tinha uma democracia sólida quando descobriu petróleo e nesse sentido a produção de petróleo no Mar do Norte não enfraqueceu as suas instituições. O meu conselho: vamos solidificar as nossas instituições e pensar na gestão sustentável de crude e no impacto que isso tem no ambiente também. Em Angola temos desvalorizado o papel negativo que tem a exploração de crude no ambiente e nas comunidades locais. E também devemos pensar em poupar as receitas obtidas dessa fonte não renovável e pensar nas gerações futuras e por vezes também esquecemos esse factor.

18. Nesta fase do ano em que o preço petróleo tende a valorizar ainda mais, assistir-se-á a uma situação difícil perante os credores internacionais, reduzindo a capacidade de se obter novos financiamentos, fundamentais para a sustentabilidade das operações e para a manutenção dos níveis de produção?

Não podemos esquecer que a maior parte dos investimentos em CAPEX são feitos pelas empresas internacionais de petróleo em

Angola. A questão seria mais grave se esse financiamento fosse feito pela Sonangol, mas não é esse o modelo ao abrigo dos Contratos de Partilha de Produção que Angola adoptou. onde o risco inicial e financiamento é do investidor.

19. O que lhe parece o concurso público lançado para a refinação de petróleo em Angola?

Creio que se justifica numa perspectiva de segurança energética. Numa análise custo/benefício olhando para outros mercados a resposta seria diferente.

20. No caso da viabilidade da construção de refinarias em Angola, defende também que o Governo angolano deve subsidiar este segmento?

Creio que só o deve fazer se for essa a vontade política do Executivo numa perspectiva de segurança energética. A minha posição é que se fosse puramente uma decisão de mercado já teriam sido construídas várias refinarias e não haveria necessidade de subsídios públicos.

21.   PERFIL

Nome completo: Flávio Gualter Inácio Inocêncio

filiação: José Inocêncio e Carla Inocêncio

idade: 36 anos

naturalidade: Angola

área de formação: Direito (Licenciatura e Doutoramento)

Ocupação: Professor Universitário/ Consultor

cor preferida: Azul escuro

Sabe cozinhar? Sim

O que mais gosta de comer?

Calulu de Peixe

Como vê a formação dos jovens?

Creio que é essencial. Hoje o mercado de trabalho é global e o nosso sistema de ensino deve reflectir essa necessidade. Creio que nosso país devemos prestar muita atenção à qualidade da formação. Outro ponto muito importante é que devemos apostar na formação técnica e profissional e no sector petrolífero existe uma carência grande desses profissionais. Um País interessante que pode servir de modelo na formação técnica e profissional é a Alemanha.

O que a levou a optar pelo sector petrolífero?

Surgiu em função da minha actividade académica e profissional.

Já se impõe a reforma do sector petrolífero angolano?

Já. Como referi, a reforma em curso deve ser global e compreensiva.

Que opinião tem sobre o Conselho Superior de Acompanhamento do Sector Petrolífero?

Creio que deve integrar pessoas com décadas de experiência no sector petrolífero e servir como o órgão principal de definição de políticas públicas relativas ao sector petrolífero e deve auscultar periodicamente os stakeholders da indústria .

Sente-se que há muita gente beneficiária da acumulação primitiva de capitais?

Creio que temos de pensar acima de tudo na igualdade de oportunidades como princípio basilar para construirmos um País de futuro. Devemos também exigir resultados a quem teve oportunidades não conferidas a outros. Numa economia de mercado a seleção dos empresários deve ser feita não de forma administrativa mas deve resultar das transações voluntárias resultado dos processos de mercado.

Considera-se um douto especialista?

Não. Sei que tenho competências que podem ser úteis ao país e na minha vida profissional, mas considero-me alguém informado que tem ainda muito para aprender.

Que avaliação faz sobre as universidades angolanas?

As Universidades Angolanas têm apostado muito na quantidade e não na qualidade. Existem algumas ilhas de excelência, mas essencialmente a aposta foi em números de alunos e não num ensino a pensar na qualidade. Não se investiu muito em bibliotecas, laboratórios, equipamento, investigação, docentes com as qualificações necessárias e não se apostou em boas parcerias internacionais. É um sector que precisa deuma reforma urgente.

Sente-se realizado?

Ainda não. Gostaria muito de continuar a minha carreira universitária e profissional e participar num projecto social ligado à educação para ajudar grupos mais desfavorecidos.

Onde passa férias?

Passo férias em Angola com a família.

Tem tempo para leitura?

Sim. Leio de forma voraz e é de facto a minha paixão desde criança.

Está a ler alguma obra sobre economia?

Sim. Um Livro acerca de estratégia de Kenichi Ohame chamado 'The Mind of the Strategist'.

Qual é o maior desafio da sua vida?

Ser feliz com família e amigos.

E o momento mais marcante?

O momento mais marcante foi a conclusão do meu Doutoramento do ponto de vista profissional.

O que acha do nível de abordagem económica jornalística em Angola?

Creio que é boa e melhorou bastante nos últimos 5 anos A abordagem é muito abrangente, embora privilegie muito algumas escolas económicas em detrimento das escolas mais liberais na qual eu me incluo. É um jornalismo competitivo. Já existem muitos títulos no mercado.

ENTREVISTA Nº3

JORNAL DE ECONOMIA E FINANÇAS
20/03/2020

1-Atendendo os últimos acontecimentos, "corona vírus "como está a actividade no sector petrolífero?

O sector está a ser profundamente afectado. A procura mundial por petróleo caiu significativamente, em especial na Ásia, o maior mercado de crescimento para o crude.

A procura mundial por petróleo anda a volta dos 100 milhões de barris de petróleo por dia (Bpd). O impacto do coronavírus no crescimento económico e a queda da procura pode baixar esse valor significativamente de acordo com a Agência de Energia Internacional no último relatório de Março no primeiro trimestre até 2 milhões de Bpd e pode cair muito mais até final do ano. A OPEP também prevê uma queda da procura em Março.

Nesse cenário, os preços de petróleo que hoje são determinados pela procura e pela oferta baixam significativamente para um preço médio inferior a 30 dólares, podendo chegar a 20 dólares por barril. Investimentos estão a ser adiados em todo o mundo ou estão a ser abandonados face à queda significativa do preço de petróleo que está abaixo dos $30 por barril.

Para além disso, assistimos uma guerra por recuperação de quota de mercado entre a Rússia e a Arábia Saudita, líder de facto da OPEP, o que aumenta as pressões do lado da oferta.

2-De que forma o mercado está a ser afectado?

Sem um preço alto do petróleo não há incentivos para investimentos no sector, isto numa indústria que requer capital intensivo. A indústria de petróleo de xisto (shale) nos EUA está a ser afectada particularmente, já que não consegue sobreviver com preços de petróleo a andar por volta dos 30 dólares. Existem problemas de financiamento já que muitos desses produtores independentes (nos EUA) nunca deram lucro e financiaram as suas actividades com recurso a dívida providenciada pelo sector financiero. Se os preços se mantiverem assim até final do ano, a produção de xisto pode cair significativamente de acordo com as principais consultoras internacionais.

Em projectos petrolíferos convencionais temos problemas semelhantes, particularmente em produtores marginais e produtores com custos elevados, é o caso do offshore Angolano onde o custo médio por barril é muito superior ao dos Estados do Golfo.

As empresas prestadoras de serviço estão a enfrentar grandes problemas também, resultado da incerteza no mercado petrolífero com contratos adiados ou cancelados pelas operadoras petrolíferas e muitas podem ficar insolventes de acordo com a Rystad Energy, uma das principais consultoras internacionais do sector.

3 - Quais medidas foram tomadas até ao momento?

Como referi anteriormente, muitos projectos petrolíferos estão a ser adiados ou abandonados pelas empresas produtores de petróleo porque neste momento são economicamente viáveis. Não por falta de disponibilidade geológica (há recursos por explorar, incluindo em Angola),mas em função da incerteza sobre o preço de petróleos e a queda da procura que se avizinha.

A indústria petrolífera está também a adoptar planos de eficiência como fez no período entre 2014-2016 (período de preços baixos) , antes do acordo histórico da OPEP +12 (incluindo a

Rússia) que permitiu a retirada de "excesso" de petróleo no mercado. Estes planos de eficiência e reestruturação vão incluir infelizmente despedimentos, reformas antecipadas e empresas com planos menos ambiciosos globalmente.

4-Quantos países produtores já foram afectados?

Não há país produtor que não seja afectado num mercado onde o preço do crude é determinado globalmente e é o preço do crude que fundamentalmente determina a decisão final de investir num projecto petrolífero, conhecido como Final Investment Decision (FID) por parte de uma petrolífera.

5-As parcerias entre os países afectados e não afectados continua?

As parcerias no sector petrolífero são multidimensionais e envolvem actores privados e públicos e vão continuar nos vários países produtores. O risco como mencionamos é o de muitos projectos planeados serem adiados e muitos projectos serem abandonados, embora para operações em curso, este risco ser menor.

6-Fala nos da influência negativa que o corona vírus poderá trazer nas negociações para o futuro do mercado petrolífero?

Já abordamos parte disso, o coronavírus afecta essencialmente a procura mundial por crude e como tal terá uma pressão para a queda do preço. Acresce a isso a pressão do lado da oferta, já que temos uma guerra por quota de mercado e aumento de produção da Arábia Saudita e dos Estados do Golfo .

O mercado de futuros é um mercado que reflecte a procura mundial por petróleo em bolsa de valores e não é negociado ad hoc e nem resulta de negociações de Estado para Estado.

Neste momento os principais índices do mercado de futuros, o Brent e o WTI estão reflectir o decréscimo significativo da procura por petróleo e o impacto da guerra por quota de mercado entre a Rússia e a Arábia Saudita.

7-No caso de Angola em concreto, como acha que o mercado está a enfrentar esse cenário?

No caso de Angola teremos uma situação muito semelhante a que ocorreu entre 2014-2016 . A indústria petrolífera em Angola será forçada a adiar futuros projectos e vai ser forçada a implementar planos de restruturação, o que vai afectar o emprego no sector. O adiamento desses projectos vai aumentar o rácio reservas para produção (R/P ratio) e aumentar ainda o declínio natural da nossa produção.

Isto vai ter efeitos muitos negativos para o Orçamento Geral do Estado que tem como base 55 dólares o barril. Podemos entrar numa situação muito difícil para o Estado e no pior cenário podemos ter um default. Um novo resgate internacional não deve ser posto de parte por parte do Executivo Angolano.

São as receitas de exportação de petróleo que também permitem Angola acumular reservas internacionais líquidas e isso é essencial para um país que importa quase tudo o que consome, incluindo bens de consumo essencial e por isso teremos também uma taxa de câmbio afectada e sermos forçados a desvalorizar.

8-Isso significará reduzir a actividade económica?

Há uma correlação muito grande entre o preço do petróleo e o PIB Angolano, o que significa que uma queda do preço do crude leva a uma redução do PIB. Angola continua uma economia "petrodependente" e como tal teremos um crescimento muito inferior ao previsto.

Antes do impacto do coronavírus e da guerra de recuperação por quota de mercado entre a Arábia Saudita e a Rússia já se apontava para um crescimento negativo Angolano para 2020 (no quarto ano consecutivo), depois deste duplo impacto teremos potencialmente um crescimento muito inferior e atrevo-me a dizer que este poderá ser o pior ano anos últimos 18 anos para Angola. Temos de estar preparados para o impacto e para o pior cenário. O Executivo deveria monitorar semanalmente o estado das contas públicas, uma vez que o refinanciamento da dívida é um problema urgente (dívida rolante).

9-A pandemia tem estado afectar a oferta por causa da mobilidade global, que está a ser prejudicada. Será que há já restrições à nível de fronteiras e plataformas?

Creio que teremos um mundo muito diferente do que tivemos desde o final da guerra fria. No espaço europeu por exemplo onde está reconhecido o princípio da livre circulação pela União Europeia já há limitações de circulação entre países. Para já estão limitações são impostas a pessoas e não a mercadorias.

No caso do sector petrolífero, cada Estado produtor é livre de impor restrições, mas para já não vemos restrições generalizadas nas várias áreas de concessão petrolíferas mas poderão ser afectadas já que não há sector onde a mão de obra que não venha ser afectada. Mas a indústria é de capital intensivo enão requer muita mão de obra e isso poderá ser uma vantagem. Mas é muito cedo. Em todo o caso temos de estar preparados para um cenário onde a produção global possa ser afectada.

10-Acredita se que o surto do covid 19 está aliado à descida dos preços do produto pode originar uma fuga de capitais em África. Qual é o seu ponto de vista sobre tal situação?

Creio que é muito cedo para fazer previsões sobre fuga de capitais. O que sabemos é que teremos uma recessão global, não sabemos ainda a dimensão, já que estamos em Março (o FMI já integra isso nos seus modelos económicos), mas atrevo-me a dizer que será pior que a crise financeira de 2008 e teremos uma pressão enorme para economias menos diversificadas que essencialmente exportam commodities, como é o caso das economias africanas. É expectável que os preços das commodities vá baixar significativamente e teremos uma diminuição do Investimento Directo Estrangeiro (FDI) a nível global e no continente.

A Conferência das Nações Unidas para o Comércio e Desenvolvimento (UNCTAD) que monitora os números relativos ao investimento estrangeiro vai em breve demonstrar esta queda global do investimento, não apenas em África.

11-A guerra entre os mercados petrólíferos Rússia e a OPEP pode ou poderá de alguma forma levar a diminuição das receitas dos países de África que são dependentes da exportação do petróleo?

Já respondemos a questão afirmativamente. No caso de Angola podemos ter menos de metade das receitas petrolíferas que obtivemos o ano passado.

12-Como?

O OGE foi elaborado com um preço de referência, a volta dos 55 dólares o barril. Esse valor deve ser revisto imediatamente já que este ano os preços vão baixar significativamente e podem chegar a 20 dólares e ficar em média a vola dos 30 dólares. A produção de petróleo da Arábia Saudita vai atingir máximos históricos, a volta de 12 milhões Bpd e os seus aliados do Golfo vão aumentar a produção. A Rússia também vai aumentar a produção. Essa pressão do lado da oferta e a queda da procura vão forçar os preços para mínimos históricos.

Cerca de 60% das receitas do Estado são para pagamento de dívida e nesse contexto a necessidade de refinanciamento vai provocar uma crise de tesouraria para Angola. Podemos correr o risco de entrar em default e requerer um pedido de assistência internacional ao Fundo Monetário Internacional.

Este ano poderá ser o mais difícil dos últimos 18 anos.

SOBRE O AUTOR

Flávio G. I. Inocêncio

Consultor e Professor Universitário. Tem um Doutoramento em Direito pela Nottingham Trent University no Reino Unido em 2011 e é Licenciado em Direito pela Universidade Nova de Lisboa em Portugal em 2005. Já trabalhou para diversas instituições públicas e privadas em Angola e no exterior do País, incluindo a ANIP e a OPEP. Foi Director do Mestrado de Direito de Petróleo e Gás na Universidade de Coventry de 2016 a 2018 e é Professor da Faculdade de Direito da Universidade Nova de Lisboa. Tem várias obras publicadas, incluindo dois livros sendo o mais recente "A Organização dos Países Produtores de Petróleo: O Caso de Angola".

www.ingramcontent.com/pod-product-compliance
Lightning Source LLC
Chambersburg PA
CBHW072108150726
47999CB00005B/1944

9 798713 905927